しつけと体罰

子どもの内なる力を育てる道すじ

森田　ゆり　著

童話館出版

はじめに

「しつけと体罰のちがいは？」

「どこまでがしつけで、どこからが虐待なのですか？」

よくたずねられる質問です。確かに、虐待をした大人の多くが「しつけのためだった」と弁解します。また、虐待にまでいたらなくとも、子どもをしつけるためには体罰も必要だと考える人は、少なくありません。

あなたはどう考えますか？

わたしは過去二十年あまり、虐待や体罰を受けた子どもたちの話に、耳を傾けてきました。同時に、子どもとの対応に悩む親や教師たちの相談にのり、子どもへの体罰をやめられない親たちのホンネも聴いてきました。その経験から、はっきり言えることは、子どもをしつけるのに、体罰は百害あって一利なし、ということです。愛情や熱意は力ずくでは伝わりません。発達心理学の調査や研究もまた、体罰が子どもの健康な心の成長を妨げることを、くり返し明らかにしてきました。

四才のリサちゃんが、一才になったばかりの妹の髪を引っぱったり、手にかみついたりするので、お母さんは何度もきびしく体罰をしました。「言葉で言ってもわからないので、かみつかれたらどんなに痛いかを、身体でわからせないといけないと思った」そうです。

以来、リサちゃんは妹に手だしはしなくなったものの、保育園で他の子どもにかみつき、家では、壁に自分の頭をぶつけて自傷行為をするようになり、お母さんは困りはてていました。

わたしは、お母さんに、次のように提案しました。

「体罰はもう二度としないことをリサちゃんに伝えて、安心させてあげてください。そして、一日三回は、リサちゃんと二人だけの時間をもち、リサちゃんに、あなたが大好きだよと言ってください。思いをこめてリサちゃんをほめてください。これを一ヶ月つづけてください」

二週間後、お母さんから連絡がありました。

「最初の三日間は、ほめることを見つけられなくて困りました。それでも、つづけているうちに、下の子が生まれて、ずっと忙しくて、リサにやさしい言葉をかけることがなかったことに、初めて気がつきました。きっと、リサは、わたしからの愛情にうえていたんでしょうね。それなのに、下の子の世話のじゃまをするリサがうとましくて、なぜ、わたしを怒らせるようなことをするのかと、腹をたててばかりいました」

それから一ヶ月後、お母さんはこう語ってくれました。

「リサの問題行動がすっかりなくなってしまったんです。驚いています。こちらが変わることで相手も変わるんですね。どなって、たたいて、言うことをきかせようとしていたやり方を、あのままつづけていたらどんなことになっていたか、想像するだけでおそろしいです。

実際、わたしは、ふてくされてばかりいて、ちっともかわいげのないリサが嫌いになりかけていたんです」

　このケースのように、妹や弟が生まれたことで親の注目が得られなくなったため、親を困らせる行動をくり返したり、チックや夜尿などの身体的異変を示して、親の注目を得ようとするのは子どものノーマルな反応です。そんなときは、親が短い時間でも、毎日子どもと向きあい、愛していること、大切に思っていることを伝えられれば、子どもが大きく変わるのもまた、よく見られる子どものノーマルな反応です。

　この本では、体罰がどんな害を子どもにもたらすのか、なぜ、体罰は効果的なしつけではないのか、そもそも、しつけとは何なのかをわかりやすく説明しました。そして、子どもの個性と自立の力を育てるために、「子どもとの良い関係をつくる十の方法」を提案しました。さらに、子どもへの対応が困難なときの「体罰に代わる十のしつけの方法」も提案しました。

　第二章の「体罰の六つの問題性」は、拙著『子どもと暴力〜子どもたちと語るために〜』（岩波書店）の五章に加筆したものです。暴力の被害者としての子ども、暴力の加害者としての子どもについてさらに深く学びたい方、また、ティーンズとかかわる現場にいる教師や親たちへの具体的な提言を求めている方には、この本とともに読んでほしい本です。

　この本は、親、教師、保育士、保健師、医療関係者、子育て支援活動をする人たち、教育相談などのカウンセラー、電話相談員の方々を想定して執筆しました。子育てグループやP

TAでの話しあいの教材、教師、保育士、相談員の、研修教材として使用していただければさいわいです。

わたしは、虐待や体罰をくり返してしまう親の回復グループ「MY TREE ペアレンツ・プログラム」を実施しています。この本は、そのプログラムのテキストとしても使っています。「MY TREE ペアレンツ・プログラム」の最初の会合では、参加者がゆっくりと呼吸をし、心と身体をリラックスしたあと、大きな木を想像してもらいます。どっしりと大地に根をはり、青々と豊かに葉をしげらせている木。地面から水と栄養を吸いあげ、太陽の光を受けてきらきら光り、光合成をして酸素を地球におくりだしている木。鳥が巣をつくり、休息を求める人に日陰をさしのべ、虫や蟻が生きている木。そこには、いのちがあふれています。木は豊かな生命力のシンボルです。

わたしたち、ひとりひとりも、いのちあふれる木のような存在です。今この時、あなたがイメージする木はどんな木でしょうか。華やかに花吹雪を散らしている桜の木ですか。天に向かってすっと立つ杉の木ですか。あざやかな赤や黄にいろどられた紅葉のもみじですか。

最初に思い描いた木のイメージを、忘れないうちにクレパスで絵にしておいてください。そして、この本を読み終えたときに、再び木のイメージを思い描いて、それを絵にしてください。心理テストではありませんし分析的な意味もありません。いずれの木も、あなたの生きる力の象徴です。ときどき、取りだしてながめてみてください。きっと、感じること、考えることが、たくさんわきあがってくるにちがいありません。

子どもとともに、おとなも輝いて生きる共生と共育を願うあなたが、いつか困ったときにこの本を開いて、解決の糸口を見いだしてもらえるなら、どんなにうれしいことでしょう。そして、この本が、あなたの心にかくされている、生命力と知恵を思いおこさせることを願ってやみません。

著者

二〇〇三年二月十五日　　西宮市にて

目次

第一章　しつけの意味

1　しつけ糸のように

そもそも、しつけとは何でしょう。

着物を縫うにあたって、しつけ糸というのがあります。本縫いの縫い目が曲がらないように、前もって、おおまかな形を定めることです。子どものしつけも、しつけ糸と同じように、おおまかな枠組みを子どもに与えること、つまり、子どもを、おおまかにガイドすることにほかなりません。

しつけを漢字で書くと躾で、身を美しくするという意味になります。きちんとした礼儀作法、きれいな姿勢、ていねいな言葉の使い方、身だしなみ。いずれも、身を美しくすることです。私たちの国では、こうした立居振る舞い（たちいふるまい）をできる子が、よくしつけられた子ども、とされてきました。

身を美しくするしつけは、大切です。身ごなしの基本を示すことは、社会性を型で伝えることです。けれど、形だけの行儀作法がしつけの第一目的となってしまうと、大きなまちがいをおかしてしまうことになります。

では、しつけの第一目的とは何なのでしょうか。いうまでもなく、それは、自立です。家庭教育も学校教育も、その最終的な目的は、子どもが自分で社会生活をおくれるように、自ら立ち、自ら律していくようにおおまかにガイドすることです。そして、そのガイドには、三つの要素があると思います。ひとつは「子どもをまるごと肯定する」。ふたつは「子どもの、自分への自信を育てる」。三つは「子どもが自分で選ぶように援助する」です。

以下、この三つの自立と自律へのガイドについて説明しましょう。

2 自立のためのしつけ

① 子どもを肯定する

赤ちゃんが誕生しました。母親の子宮内の羊水に、何ヶ月もあたたかく保護されてきたのですが、時が満ちました。距離にすればほんの十センチほどの産道を、何時間もかける短くて長い旅を終えて、オギャーと、元気のよい産声があがりました。

「ウエルカム！　地球にようこそ！」

赤ちゃんは、まわりの人たちにしっかりと抱かれ、ほおずりされ、笑いかけられます。これは、多くの人にとって、自分が無条件にまるごと受け入れられる最初の体験です。そのとき、人は、「世界はわたしを受け入れている」という、自分への信頼感を深く記憶し、「世界は信頼に足るところ」との希望を刻印されて、社会的存在としての人間の確かな一歩を歩みだすのです。このように、条件なしにまるごと肯定される関係のことを、わたしは「深い安心の関係」とよんでいます。

『かいじゅうたちの　いるところ』は、絵本の最高傑作のひとつとして、長年にわたり、世界中の子どもたちに愛されつづけています。ここには、安心と自立の関係が、しっかりと描かれています。お話はこんなふうにはじまります。

あるばん、マックスは　おおかみの　ぬいぐるみを　きると、いたずらをはじめておおあばれ…　おかあさんは　おこった。「このかいじゅう！」マックスも　まけずに、「おまえをたべちゃうぞ！」とうとう、マックスは　ゆうごはんぬきで、しんしつに　ほうりこまれた。すると、しんしつに、にょきり　にょきりと　きが　はえだして、……

お話は、さらにこう展開します。

お母さんからおしおきを受けても、マックスはひるむことなく、遊びつづけます。寝室にはたくさんの木がはえ、そこは海になり、マックスは船で大海に乗りだします。ある孤島につくと、そこは、おそろしいかいじゅうたちの島。マックスはかいじゅうたちの王様になって、かいじゅうたちを従えて、月夜に、ほえたり　踊ったりします。そして、疲れてひと休み。なんだか、おいしい匂いが世界の果てから…。とたんにマックスは、かいじゅうたちの王様はいやになって、船に乗って帰ります。そうして、自分の部屋にもどると、そこには、夕飯がおいてあり、それはまだ、ほかほかとあたたかかった。

かいじゅうたちのいるところ
モーリス・センダック さく　じんぐうてるお やく

（モーリス・センダック作、神宮輝夫訳　冨山房）

この絵本を、幼児が、何度も何度もくり返し、読んで、とねだるのは、躍動を感じさせるユニークな絵が、彼らの目をとらえてしまうだけでなく、このお話につらぬかれている、安心の心のゆえだと思うのです。

マックスは、問題行動をおこして親に罰せられます。食事ぬきで部屋に閉じこめられるというのは、幼児にとってはかなりきびしい懲罰です。でも、マックスと親とのあいだには基本的な信頼感がありますから、寝室に閉じこめられても、おびえたり、引きこもったりすることなく、ひとりで無意識の海に乗りこんで、大冒険をやらかす自立心をもち得るわけです。そうやって解放感を味わったあと、家に帰ると、そこには、あたたかい夕食が待っていました。すなわち、自我の形成を支える安心の世界に帰っていったのです。

この安心感のことを、子どもの発達心理学の分野では、「基本的信頼」とよんでいます。あなたと同じ人間は、人類の歴史に二度と再び存在しないという、まさにその理由ゆえに、あなたは尊重されなければならない大切な存在です。人よりぬきんでて、すぐれているから尊重されるのではなく、目鼻立ちが整っているから称賛されるのではなく、親の期待どおりだから大切にされるのではなく、あなたはあるがままで、すでに尊いのです。

子どもが自分は受容されていると感じられるような、安心の言葉を子どもにかけてください。「あなたがお母さんの子で、うれしいな」「あなたのこと、大好きだよ」などと。

② 子どもの自分への自信を育てる

この受容と安心の関係をベースにして、子どもは自分への自信をもつようになります。自分は自分でいいんだと思える心。自分って結構いいかなと思える自己評価。自分にはできることがいっぱいあるという夢。これらの自分への自信は、さらに「自分で選んでいく」ことをうながしていきます。

幼児が親に対して、「いや!」を連発する時期があります。この服を着なさいと言えば、いや! ごはんを残さずに食べなさいと言えば、いや! お風呂にはいりなさいと言えば、いや! そんなとき、親としてはいらだったり、腹だたしくなるものです。でも、これは子どもが自分への自信をひとつひとつ確かめながら、自分で選んで生きていくために不可欠な自立のプロセスなのです。そう思うと、子どもの反抗的態度に感情的にならずに対応できます。だからといって、子どもの「いや」を、すべて受け入れるということではありません。

③ 子どもが自分で選ぶように援助する

「いやなら、では、どうしたいの?」「どっちにするの?」と問いかけてください。学童期以上の子どもに対しては、「あなたはどう思うの」「こういうやり方は、どうなの?」とたずねてください。このような会話は、子どもが自分の気持ちや考えを意識化することを助けます。自分は何がしたいのか、したくないのか、どちらでもいいのか、あるいは、よくわからないのかを意識化する訓練は、自立の準備に必要です。でも、そのとき、まちがわないようにしてほしいのは、二者択一を迫るのではないということです。

ですから、「なにをぐずぐずしているの。行くのか、行かないのか、どっちかにしなさい」などという言い方を、すすめているわけではありません。選択肢は、したいか、したくないか、好きなのか嫌いなのかの、どちらかだけではないということです。どちらかにはっきりさせるということではなく、好きでもないし、嫌いでもないということもあるのです。「よくわからない」というのも子どもの気持ち、選択肢として認めることが大切です。

3　子どもを愛せないという親たち

「子どもがかわいいと思えないんです」「わたしは、子どもを愛せない親です」と、訴える母親の相談にのることがあります。でも、よく話を聴いてみると、その母親たちは、子どもがかわいいと思うときもあるのです。産んでよかったと心から思い、幸福感に満たされるときもあるのです。

「子どもの寝顔を見ていると、どうですか?」と聞くと、「かわいいと思います」と、答える人が多いです。その方たちに、「親が、子どもをかわいく思えるときもあれば、憎らしくてならないときもあるのが、あたりまえですよ」と言うと、驚いた表情をされると同時に「そうですよね。いいんですよね。それで」と安心されます。完璧な親でなければ、というプレッシャーから解放されるだけで、子育てがずっと楽になり、子どもとの関係が良くなる人もいます。
しかし、親と子の関係がさらにむずかしくなっていて、子どもを受け入れることができないときのほうが多くて、苦しんでいる親たちもいます。そうなってしまった理由もさまざまです。

Aさんの場合は、いちばん上の子どもの妊娠と出産の前後、三年間ほど同居していた姑との関係がうまくいかず、そのストレスで心理的に追いつめられ、子どものすることなすことが気にさわってならず、子どもにあたりちらしてばかりいました。そのため、子どもには情緒不安定な症状がいくつも現れています。三才にして、壁に自分の頭をぶつけていらだちを表現したり、こわい夢にうなされて、叫び声をあげたりすることがよくあります。

Bさんの場合は、長男が極端に多動で、三才ちがいで生まれた妹をたたいたり、突いたりすることがあまりにひどく、長男の行動を制止することで疲れきっています。ときには、長男が自分の人生をくるわせたと思って、怒りがわいてくると言います。

Cさんの場合は、自分が親から虐待されて育ち、その心の深い傷を今も負っているため、鬱(うつ)状態におちいることがしばしばで、自殺願望もあります。自分の子どもは、決してたたかないで育てたいとの意志は強いのですが、子どもにほおずりをしたり、スキンシップができません。

Dさんの場合は、男の子をきっちりとしつけるためには、体罰もときには必要と考える夫のやり方に、反対できません。四才の子のおねしょのたびに、夫がなぐったり、寒い外にだしたりするのを見ているうちに、それがあたりまえの子育てだと思うようになってきました。

どの人もそれぞれ異なった原因から、子どもとどう心を通わせ、どのように子どもをしつけたらよいのか、わからなくなっています。この人たちにまず最初に必要なのは、自分ひとりでがんばらなくてもいいんだと思えることです。子育てで悩み苦しんでいるのは自分だけではないことを、実感することです。子育ての孤立から解放されることです。同じような悩みを抱える親たちが、安心して語りあえる場が必要です。子どもに愛情をそそげない自分、子どもに手をあげてしまう自分、子どもを拒否してしまう自分を語り、蓄積されている感情を表現できる場をもつことが、子育ての苦しさから自由になり、良い親子関係を築く第一歩だといえるでしょう。

4 体罰と虐待

日本人の約七十五%が体罰は子どものしつけに必要だと考えている、という調査があります。中高大学生を対象にした調査（石川善之、一九九八年）では、約半数の子どもたちが、「体罰を受けてきた、あるいは現在受けている」と答えています。沖縄でのある調査では、学校教師の半分以上が体罰は必要だと考えている、という結果をだしています。

アメリカでは、教育、心理、医療の専門家たちが、口をそろえて体罰の弊害を訴えつづけ、米国小児科医学会が、学校でのすべての体罰の廃止を呼びかけているにもかかわらず、六十一%のアメリカ人が体罰をしつけの方法として容認している、との調査も報告されています。（Zero to Three/CVTAS 二〇〇〇年）

子どもをしつけるために体罰は必要だとの考えは、日本でも諸外国でも、広く深く根をはっているのです。

法務総合研究所が全国の少年院在籍者を対象に調査した「児童虐待に関する研究」（二〇〇一年三月発行）は、少年院在籍者と体罰、虐待の関係にスポットをあてた初めての本格的な調査です。全在院者の五十三％の二三五四人（男子二一二五人、女子二二九人）がアンケートに答えました。このうち男子の約七〇％、女子の約八〇％が家族からの身体的暴力または虐待を受けていたと答えました。さらに虐待を受けたときの行動を聞いた質問では、男子も女子も「家出した」「酒を飲んだ・薬物を使用した」「何もしたくなくなった」「やつあたりした、いやがらせをした」「家に閉じこもった」「趣味・スポーツをした」「自分も他の人に同じようなことをした」と答えています。

この調査からも体罰が子どもに与えるマイナスの影響をうかがうことができます。

一九八〇年に「魂の殺人～親は子どもに何をしたか～」にはじまる著作を次々に発表して世界中の子どもの精神医療、教育、福祉に携わる人々に衝撃を与えたスイス在住の元精神分析医アリス・ミラーは、教育やしつけの名で行われる体罰が、根深い心の傷を子どもにもたらし、その後の人生で、さまざまな心の病や犯罪などとなって現れてしまうこともあると、くり返し主張しました。近年は、ホームページ上に世界中の人々に向けての「宣言文」を掲載し、世界の国々が、体罰のもたらす害を深刻に受けとめ、体罰を禁止する方策をとることを呼びかけています。

一方二〇〇一年には体罰をなくすための世界的なネットワークがインターネット上ではじまり、

すでに、体罰を禁止しているスウェーデンやオーストリアでの状況をはじめ、たくさんの有用な情報を提供しています。

5　内的コントロールとしつけ

体罰は、痛くなければ効果がありません。身体の痛みは恐れの感情と直結しています。痛みを感じたとき、人はこわいと思うのです。「そんなことすると、おしりペンペンですよ」と、親がふざけてたたいて、痛くもこわくもないのだったら、それは体罰ではありません。体罰であるためには、痛いか、こわいかでなければならないのです。ですから、体罰とは、外から痛みや恐怖心などを子どもに与えることによって、子どもの行動をコントロールする方法です。

そのような方法を「外的コントロール」とよぶとすれば、コントロールのもうひとつの方法に、「内的コントロール」があります。それは、子どもが自分で感じ、考え、選択していくこと、つまり、自分で自分をコントロールしていく方法です。

しつけの目的が自立の援助であるならば、しつけとは、子どもが「内的コントロール」をもてるようにしていくことです。しつけ糸のように、おおまかな枠組みを与えガイドすることは、子どもの内に「内的コントロール」を育てていくことです。なぐられるのがこわいから、痛い思いをしたくないから、という動機づけにたよっていては、自分で自分を律する心を育てることはできません。

友達をぶったおまえはサイテーだ。反省するまで、教室の前で、水いっぱい入れたバケツを持って立っていろというのは、外的コントロールです。それに対して、友達をぶったときの気持ちはなんだったのか、話してほしい、そして、自分のしたことの結果をどう引き受けるかを、いっしょに考えようじゃないかと問いかけるのが、内的コントロールを育てるしつけです。

しつけの目的は、子どもの内に、自分で自分を律し、自分で考える力を育てることです。自分への信頼を育てていくことです。礼儀作法、ていねいな言葉づかいなどの身を美しくするしつけが、人生のなかで役にたつことはあるでしょう。けれど、それだけでは、自分で考え、自分を律し、自分を信じることにはつながりません。いつもガミガミしかったり、細かく注意ばかりすることで、しつけがケチつけにならないようにしましょう。

では、どのように、子どもの「内的コントロール」を育てればよいのでしょうか。

「内的コントロール」を育てるしつけは、「子どもとの良い関係をつくる」と「体罰に代わるしつけの方法」のふたつからなっています。この本で私は、それぞれを十項目提案しました。

しつけの前提とは、冒頭に述べた安心の関係です。条件なしで自分の存在が肯定されるとき、わたしたちは深い安心を感じます。あるがままの自分が、身近な人たちに受け入れられる関係こそが、自分と他者への信頼の心を育てます。自分も他者も、同じように尊重する心をうみます。

安心。日常的になにげなく使っている言葉ですが、このことは、人間にとって生きるためになくてはならないものです。とりわけ子どもの身体の成長にとって、しっかり食べることが必要なように、子どもの心の成長にとって安心は不可欠な栄養源です。子どもの「内的コントロール」を育てるしつけの第一歩は、このような安心の関係を、子どもとのあいだにつくることにほかなりません。

6　親と子のエンパワメント

エンパワメントとは、人はみな、生まれながらに、さまざまなすばらしい力（パワー）をもっているという、信念から出発する考え方です。そのパワーのなかには、自分を癒す力、ふりかかってきた問題を解決する力、そして、個性という力もあります。

生まれたばかりの赤ちゃんの内には、どんなパワーがあるのでしょう。生きのびようとする生理的力があります。他者へ向けて発信していく社会的力があります。生まれたばかりの赤ちゃんは、泣くことで人とのつながりを求めます。それに応えてくれる他者との身体的接触や、視線の交換や、感情の交流の心地よさをとおして、自分の存在の尊さを確認していきます。

赤ちゃんは、自分の存在と個性の大切さを、言葉でわかっているわけではありません。でも、まわりの人たちから受け入れられ、大切にされ、目を見つめあったり、自分の感情表現を受けとめてもらったりすることで、自分の大切さを知っていきます。そうすることで、潜在的にもっているさまざまな力を、豊かにしていきます。わたしたちはみな、自分のもつパワーを充分に発揮させていく可能性に満ちた存在として、生まれてきます。この「わたし」の、もろもろのパワーを育ててくれるのは、「わたし」を、条件なしで、あるがままに受け入れてくれる他者との関係です。とりわけ、乳幼児期の保護者との基本的信頼関係、無条件で受け入れられ、愛されるという安心の体験とその記憶は、その後の人生をとおして、その人の生きる力のみなもととなります。

しかし、残念なことに、現実には、このような受容の関係ばかりが、子どものまわりにあるわけではありません。人はこの世に生を受けるとまもなく、子どものもつパワーを傷つける外からの力に、次々と出あっていきます。こうした外からの力は、必ずしも、むきだしの敵意や悪意に満ちた抑圧として、子どもに向けられるわけではありません。

外からの抑圧のなかで、最もありきたりな例は、比較です。比較は、幼少の頃だけでなく、学校で、受験競争のなかで、職場で……と、一生わたしたちにつきまとい、わたしたちの本来のパワーに傷をつけていきます。「条件つきの親の愛情」も、このパワーを傷つけます。もろもろの差別や偏見もまた、本来のパワーを削ぎ落としていきます。さらに、暴力も人が本来もつパワーを打ちくだきます。虐待、体罰、いじめ、レイプ、両親間の暴力を目にするなどは、いずれも暴力です。こうした暴力の最大の残酷性は、あざや身体的外傷ではなく、自分への自信をうばい、自分の尊さ、自分のすばらしさを、信じられなくしてしまうことにあります。

外からの抑圧は、比較、いじめ、体罰、虐待と、さまざまな形をとりながら、実は、共通するたったひとつのメッセージを送りつづけます。それは、「あんたは、たいした人間じゃないんだよ」というものです。人は、しばしば、その外からのメッセージを信じてしまい、自らを抑圧してしまいます。それを、内的抑圧と、わたしはよんでいます。「そうか。自分はあまりたいした存在ではない、つまらない人間なのか」と。

でも、わたしたちは、誰でもみな、たいした人間なのです。「わたし」は、ただ「わたし」であるだけで、もう充分にたいした人間なのです。生きたいという生命力をもち、人とつながって生きようとする力をもち、女である、男である、〜〜人である、障害があるという、わたしならではの個性をもった、かけがえのない、たいした人間なのです。

エンパワメントとは、このような外的抑圧をなくすこと、そして、内的抑圧をへらしていくことで、人が本来もっている力を取りもどすことです。外的抑圧をなくすためには、社会的な運動によって、法律やシステムの改革が必要になります。社会の差別意識や偏見を変える啓発運動も不可欠です。内的抑圧をなくしていくためには、社会から受けた不要なメッセージを、ひとつひとつ取りのぞいていき、「わたし」の存在の大切さを感じていくことです。

体罰を例にとるならば、体罰を許さない社会意識を育てる活動をすることが、体罰という外的抑圧をなくすことです。体罰を受けたことによって、「自分が悪いからなぐられるんだ」「自分はどうせだめな子どもだから、ぶたれても仕方ない」などと、自分を責め、自分への自信を失っている心を癒していくことが、内的抑圧をへらすことです。

このようにして、エンパワメントとは、誰もがもっている生命力や個性を、再び、生き生きと息吹かせることです。次頁の二つのハートは、あなたと子どもを表しています。ハートのなかに、それぞれのもつ内的な力の例を書き入れてみましょう。人とつながりたいと思う心、人の助けを求めようとすること、喜びや悲しみを感じる心……。どれもあなたの力です。あなたの抱く夢や希望もあなたの力です。

　あなたは、今までの人生のなかで、どんな外的抑圧を受けて、自分の内的な力を傷つけられてきたでしょうか。体罰、いじめ、偏見など、外的抑圧の矢印に、あなたの抑圧体験の例を書いてみてください。次に、小さなハート、あなたの子どものほうです。あなたの子どものもつパワーは、外からの抑圧に傷つけられていませんか？　あなた自身が子どもを抑圧していませんか。

　親であるあなたも子どもも、外的抑圧、内的抑圧をへらして、それぞれが本来もつ内なる力を発揮させて生きていってほしいのです。次章以降では、そのために何ができるかを考えていきましょう。

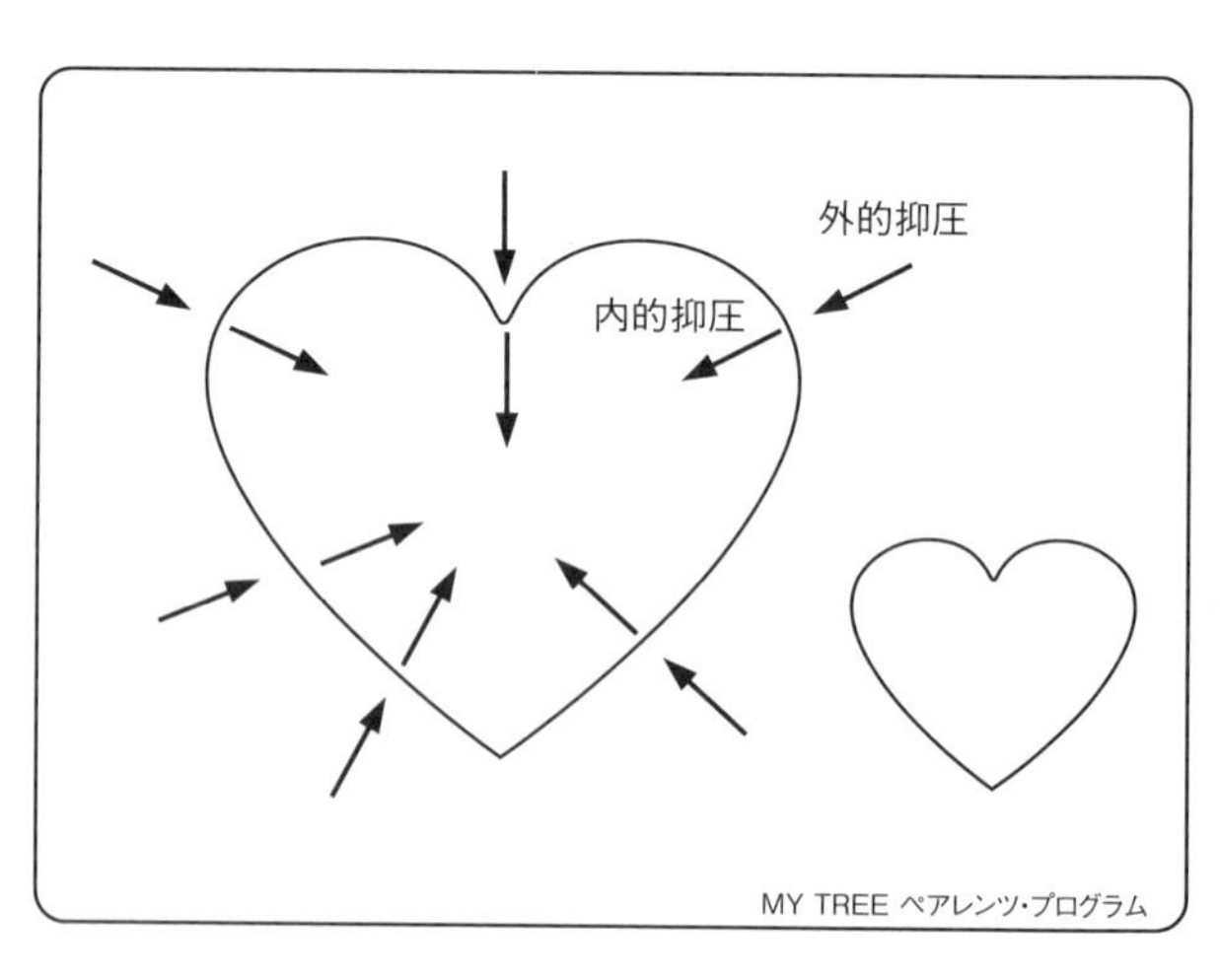

第二章　体罰の六つの問題性

1　体罰の記憶を思いだしてみる

あなたの子ども時代の記憶にアクセスしたいので、心の奥深くをのぞいてみましょう。ゆっくりと大きく息を吸いこんで、それから、また、ゆっくりと息をはいてください。あなたは幼稚園児かもしれない、小学生かもしれない、中学生かもしれない。そんな子どものあなたが、親、教師、コーチなど、大人から体罰を受けたときのことを思いだしてください。

◆体罰を受けた記憶がないという人

あなたはラッキーな人です。体罰にともなう屈辱感や不信感を経験せずにすんだあなたは、子どもをしつけるために、体罰は不要なことを体験的に知っている人だといえます。

◆子ども時代に体罰を受けたことが、自分にとってよかったと思う人

あなたは、体罰は子どものしつけに必要という、体罰容認派の中核をなす人です。

「家にいることも少なく、あまり会話もなかった父親が、わたしが万引きをしたときには、本気

で怒ってくれて、張り倒されました。そのとき、わたしは父親の愛を強く感じて、二度と万引きをすることはありませんでした」と、語った人がいました。
あなたの体験もこれと似てはいませんか。この人が父親の愛を強く感じたその体験を、他人が否定することなどできるはずがありません。ただ、その人に、もうちょっと踏みこんで、その経験を改めて見直してほしい、とお願いすることはできるでしょう。

「張り倒されたから、あなたは二度と万引きをしなくなったのですか？」と、わたしは質問を投げかけ、次のように話しました。
「子どもって、親から注目してもらうこと、気にかけてもらうことを求めていますね。そのとき、父親の愛情を強く感じたのは、いつもは気にかけてくれない父親が、本気であなたに向きあってくれたからでしょ。あなたにとって重要だったのは、張り倒してくれたことよりも、父親が本気であなたに向きあってくれた、ということだったのではないですか。その真剣な向きあいは、体罰以外の方法ではできなかったのでしょうか。他の方法でも、父親の真剣さがあなたに伝わりさえすれば、同じように愛情を感じたのではないでしょうか」

体罰だから効果があったのではなく、大人が子どもに向きあう真剣さが、効果をもったのではないのでしょうか。その真剣さは、たとえば「おい、釣りに行こう」と、子どもを釣りに誘い、そこで子どもと話をするという形でも、充分に伝わったのではないでしょうか。

俳優の清水宏次郎さんは、朝日新聞の「おやじの背中」（二〇〇三年二月十日）というコラムで、こう語っていました。

「一番の思い出は、どなられたときでも、なぐられたときでもありません。中三で家出して先輩の家でシンナーを吸ったことがあります。深夜、頭がボーっとしていたら、玄関がガラッとあいて、両親が入ってきたんです。おやじは、ひとこと『帰るぞ』。冷や汗が背中を伝いました。『絶対、殺される』と覚悟したんですが、その後、この件でしかられることはありませんでした。帰りの車中、無言で運転するおやじと、助手席に座った母のすすり泣き。これだけで効きました。力ずくだけでは、思いは伝えられない。人の親になって、そのことが痛いほどわかります」

◆体罰を受けたのは自分が悪かったからで、仕方がないと思う人

いけないことをしたから、なぐられてあたりまえの人間は、ただひとりとしていません。

体罰は、社会における子どもの地位が、いかに低いかを示すバロメーターです。大人に対しては許されない行為が、相手が子どもだと許されてしまうのです。同じ行為が大人に対してなされれば、暴行罪や傷害罪という、れっきとした犯罪とみなされても、相手が子どもだと、それは「しつけ」や「教育的配慮」や「熱心さのあまり」となってしまうのです。

大人社会、たとえば職場で、連日遅刻がつづいたからとの理由で、上司が部下をなぐっていいという論理は通用しません。顧客への対応が横柄（おうへい）だったというので、上司が部下を昼食ぬきで廊下に立たせることなどできないでしょう。もし、あなたが遅刻をしたことで、上司から平手打ちをされ

たら、いったいどんな気持ちになるでしょうか。「自分が悪かったから、なぐられても仕方ない」と思うでしょうか。「自分が悪かった。もう二度としまい」と思うでしょうか。逆に、反省より先に、人としての尊厳が傷つけられたことへの怒りやくやしさが、わいてこないでしょうか。

もう一度、あなたの子ども時代のその記憶にたちかえって、あなたが、そのとき、ほんとうはどんな気持ちを抱いていたのかを、ゆっくりと思いおこしてみてください。子どもだって同じ怒りやくやしさの感情をもつのです。ただ、子どもは、子どもであるというそれだけの理由で、その感情の正当性を認めてもらえません。ですから、自分でも自分の感情を認めることができないのです。なぜなのでしょう。それは、子どもは半人前で、尊厳をもつひとりの人間として見られていないからにほかなりません。子どもの人権が尊重されていないからです。

かつて、奴隷制が健在だった社会で、人権を認められていなかった奴隷は、仕事のノルマをはたさなければなぐられ、うそをつけば鞭打たれるという罰を受けたことと、子どもへの体罰とに、どれだけのへだたりがあるのでしょうか。無知で社会のなんたるかを知らない奴隷には、身体で教えこまなければ学ぶことはできないという論理、怠け者の奴隷たちには、体罰であたらなければつけあがって手がつけられなくなる、という論理は、未熟な子どもは、力で、身体で教えこまなければわからないという、今日の体罰正当化の根拠と重なります。

◆体罰を受けて、くやしくてたまらない気持ちでいっぱいだった人

あなたは、自分の気持ちを、すなおに受けとめることのできる人です。体罰が身体的な苦痛だけではなく、心理的な苦痛をもたらすことを知っている人です。この不快な感情が、表出されることなく押しこめられたままになっていくと、子どもはさまざまな心の発達上の問題を引きおこします。体罰を受けた子どもに出あったら、なによりもまず、その気持ちをしっかりと聴いてあげることの大切さを、あなたは体験的に理解していることでしょう。

2 体罰の六つの問題性

ある中学校で、ピアスをしていて男性教師から激しくなぐられ、廊下に倒れてしばらく立ちあがることのできなかった少年のそばに、別の教師がきて、こう声をかけたそうです。

「あなたのことを思ってなぐった先生の心の痛みは、あなたのその身体の痛みとは、比べものにならないくらいきついのよ」

ほんとうでしょうか。男性教師は心のなかでは泣きながら、ただただ、生徒への愛ゆえにその子を張り倒したのでしょうか。仮に、もしそうだとしたら、なぐられた少年の心の痛みはどうなのでしょう。この教師には、体罰は、子どもに、身体的苦痛よりはるかに大きい心理的苦痛をもたらすという、認識が欠けています。

子どもの発達心理の研究は、長年にわたって、体罰が子どもの心の健全な発達に否定的な影響を

与えると、警告しつづけてきました。欧米では、体罰を受けた子どもたちを何年間も追跡調査して、その後、問題行動をとる子どもの割合が高いことを示す研究報告が、発表されています。

体罰は、子どもと大人の信頼関係をこわします。

ある小学校に二学期から赴任した、A先生が受けもった六年生のクラスは、学級崩壊状態でした。最初の日から、生徒たちによるA先生への授業妨害、落書きなどのいやがらせがありました。生徒たちの教師への不信感の強さに、A先生は驚きました。クラス担任の前任者の体罰がひどかったこと、以来、生徒たちが荒れていたのです。生徒たちの教師への信頼回復はどうすればできるのか、A先生は悩んでいます。ひとりでできることではありません。校長をはじめ、学校全体が、早急にかつ真剣に取り組まなければなりません。

たった一度なぐられることと、何年にもわたって「おまえなんかいないほうがいい」と言われつづけることの深刻さを比較すると、いうまでもなく、後者のほうが、はるかに大きな心理的ダメージを与えます。一度だけ平手打ちされることと、一年間にわたって担任教師から無視されることを比較すると、後者のほうがずっと大きな苦痛をもたらします。ですから、子どもに対する不適切な対応のなかで、体罰だけが問題だと主張しているのではありません。

ただ、体罰はよくないと知っていながら手がでてしまう大人が多いこと。体罰を「教育熱心なあまりに」と容認する人が少なくないために、学校教育法で教師による体罰が禁止されていても、発達心理の専門家たちが体罰の問題性を指摘しても、体罰はいっこうになくなる気配がありません。

体罰には、次のような六つの問題があると、わたしは考えています。

① 体罰は、それをしている大人の感情のはけ口であることが多い

あなたが子どもに手をあげたときのことを、思いおこしてください。それは、暴力はふるいたくはないが、子どものことを考えると、心を鬼にしてでもなぐらざるをえないと考えたすえの、理性的判断からの行為だったのでしょうか。人は誰でも、多かれ少なかれ感情で行動する存在です。日々の子どもとのやりとりのなかで、大人であっても、怒りやくやしさや屈辱感など、さまざまな感情を抱きます。

子どもが大人の言うとおりにしているときは、彼らはまるで天使のようです。けれど、子どもが大人の思うとおりにならないとき、彼らは、しばしば、大人の感情をいたく刺激してきます。

「二度としない」という子どもの言葉を信用していたのに、それを裏切られれば、怒りがこみあげてくるのは当然です。「こんなメシ、食えるか」などと、親の尊厳をおとしめるようなことを、子どもが言い放てば、許してなるものかと、こちらはいきりたちます。これも当然の感情です。しかし、その感情をうまく子どもに伝える方法をもたない大人は、なぐる、突きとばすなどの暴力行為で、感情を表現してしまいます。そのとき、体罰を受けた子どもが大人から学ぶ教訓は、「腹がたったら、暴力でそれを表現してよい」ということにほかなりません。

「指導に熱心なあまり、つい手がでた」と大人は理由をつけますが、実のところ、多くの場合、

体罰がふるわれるのは、大人の感情が暴力という形で爆発するからです。そのことを、まずは私たち大人は認める必要があるのです。

では、親や教師は子どもを前にして、いつも、観音様のように、おだやかでなければならないのかというと、そんなことのできる人間はまずいませんし、それは子どもにとっても、少しもよいことではありません。問題行動をおこす子どもは、実は、大人から制止してもらいたいのです。怒ってほしいのです。誰も自分の行動を制止してくれなければ、さらに問題行動をエスカレートさせて、これでもかと大人の拒否を得ようとします。ですから、ほんとうに腹がたったのなら、それはしっかりと子どもに伝える必要があります。ただし、暴力以外の方法によってです。

子どもへの具体的なかかわり方や、コミュニケーションのスキルが、親のみならず、教職員や施設職員の研修で提供される必要があります。たとえば、大人を怒らせることの名人みたいな子どもを相手にするとき、どうしたら、こちらの怒りの感情を処理しつつ子どもと対応できるのか、他の子どもへの暴力的な態度を目の前にして、どうしたらよいのかという具体的な対応の方法です。

② 体罰は、恐怖感を与えることで子どもの言動をコントロールする方法である

子どもが盗みをした、うそをついた。これは放っておいたらたいへんだと、体罰で指導しようとしても、恐怖で行動を押えこんでいるかぎり、親の子に対する切実な願いや懸命さは、伝わりません。子どもは、体罰をする大人の前ではその行動は二度としないかもしれませんが、他の人の前で

は行動は変わらないのです。

小学二年生の子どもが、ゲームのカセットがほしくて、親の財布からお金をぬきとりました。そのことに憤慨して、親は子どもを庭の木にしばりつけました。

しばられた子どもは、たいへんな恐怖を抱えこみました。その恐れゆえに、その子は親の財布からお金を盗むことはもうしないかもしれません。しかし同時にその恐れは、子どもの親に対する信頼をこわしてしまいました。なぜ盗むまでにいたったか、その気持ちを聴いてあげるプロセスがないかぎり、盗むのはいけないことだと学んでほしい親の切実な願いを、子どもが受け入れることはないでしょう。自分に恐怖を与えない相手を選んで、再び似たようなことをする可能性はあるといえます。

子どもは、親を手本にして規範や価値観を身につけていきます。ですから、これだけはという、子どもに伝えたい信条があるのでしたら、それはくり返し伝えていく必要があります。けれど、その方法に体罰は逆効果です。大人も同じですが、子どもが必要としているのは、安定した言動のガイド（指導）とモデル（模範）であって、体罰のような恐れによるコントロール（支配）ではないのです。

反抗期のティーン・エイジャーも、実は親や教師からのガイドを求めています。しかし、ガイドを求めていることをすなおに表現しないのが、自我の確立を固めつつあるこの年令の子どもたちの傾向です。ですから、彼らが自分の考えや言動を大人にぶつけてみて、その反応を見ようと試しているることを、大人はなかなか理解できません。そして、彼らが求めている親や教師の姿は、なんでもいいよと、まるで、ぶつかりがいのない、ものわかりのよい大人ではありません。むしろ、引かないところでは頑として引かない、ぶつかりがいのある姿を求めているのです。

親のガイドを示すために、子どもの言動に枠組みを提供するのは大事なことです。ルールをつくることも必要かもしれません。ただし、お互いが守れるルールでなければ意味がありません。また、ルールの数はなるべく少ないほうがよいのです。そして、数少ない大切なルールを定めたら、大人はそのルールの一貫性を守らなければなりません。

③ 体罰は、即効性があるので、他のしつけの方法がわからなくなる

すでに述べたように、体罰は恐れで子どもの行動を押さえこむために、体罰をする人の前では子どもの行動は矯正されたかに見えます。こうして、体罰の表面的な効果に味をしめた大人は、他のしつけの方法に目がいかなくなってしまいます。ですから、ちょっとした子どもの過ちや言動に対して、つねに体罰という方法をとることになります。体罰以外のしつけの方法は、それを知らなければ使えないし、即効性に欠けるので、忍耐心や心理的エネルギーを必要とするからです。

体罰以外のしつけの方法を知るために、子育ての知恵やアイディアが、もっと共有されていいのではないでしょうか。知恵とは、子育ての理想や心がまえではなく、具体的な対応、具体的な言葉

かけの成功例の集積です。子どもが物を盗んだとき、子どもが他の子どもに危害を加えたとき、体罰ではなく、このように対応したという、「しつけのアイディア集」のようなものが必要なのです。この本の後半では、そのような知恵やアイディアを読者と共有します。

「こうしたとき、ああしてみたらよかった」というアイディアをたくさん知っていることは、現実に対応するための選択肢を与えてくれます。選択肢を知らないと、人は自分が慣れ親しんだ方法か、感情に流されるままの対処法しかとることができません。そして、いくつもの選択肢から、何をどう自分の現実にあてはめるかは、当人が判断しなければならないことです。

④ 体罰は、しばしばエスカレートする

体罰が、相手への恐れを利用した言動のコントロール方法であるかぎり、それは充分に痛かったり、恐れを抱かせるものでなければなりません。最初は、げんこつで頭をちょっとつついただけで、子どもは充分恐れたのに、同じ方法を使っていたら、もう、こわがらなくなってしまう。そうすると、もっと痛くて、もっとこわい方法を用いなければ、効果がないことになります。三才のときには、おしりをたたくだけで充分こわがったのに、その子が六才になると、同じ方法では少しもこわがらない。ならば、今度は棒でたたかなければならなくなります。その子が十才になると、棒でたたいてもこわくはないかもしれない。そうすると、さらに痛いこと、こわいことをしなければ効果をもたらしません。このように、体罰はエスカレートする傾向をもっているのです。

とりわけ、体罰をする人が孤立しているときは、体罰は虐待へとエスカレートしがちです。体罰で子どもの行動をコントロールしようとして、効果を見ないと、なにがなんでもこちらの思うとおりにさせようと、さらに激しい体罰を加えることしか、考えられなくなります。そんなときは少し子どもから離れなさい、などと具体的な助言をしてくれる人が身近にいないと、自分の行動に歯止めをかけることができなくなってしまいます。

⑤ 体罰は、それを見ているほかの子どもに深い心理的ダメージを与える

体罰をする大人の真意が、子どもの指導や教育的配慮だとするならば、体罰を受けているのを見ている、他の子どもへの教育的配慮はどうなっているのでしょう。身近な人がこわい思いをしているのを目の前で見ていると、自分がこわい思いをするのと同じか、それ以上の心理的苦痛を覚えることは、米国のドメスティック・バイオレンスの研究でも明らかにされてきました。母親が父親から暴力を受けているのを目にして育った子どもは、さまざまな心理的発達上の問題を抱え、一生、苦しむ人も少なくありません。

体罰を受けている子どもの恐怖は、それを見ている子どもに伝染します。クラブのコーチから親友がなぐられているのに、何もできない自分への無力感と自責感に襲われます。さらに、体罰を受けずにすんでいる自分への罪悪感にさいなまれます。こうした心理的ダメージを、体罰を受けている子どものみならず、まわりの子どもにも与える方法が、教育的配慮や指導とよべるでしょうか。

⑥　体罰は、ときに、とり返しのつかない事故を引きおこす

親の体罰のいきすぎで子どもが重傷を負った、教師に頭をなぐられて鼓膜が破れた、などという事件が報道されることがあります。もちろん、体罰によってこうした深刻な身体的外傷がもたらされるのは、ごくまれなことです。しかし、体力的にも立場的にも圧倒的に優位に立つ大人が、子どもに体罰を加えるのですから、力あまって事故をおこしてしまう可能性は、つねにあります。

体罰をする大人は、「この子を指導するため」と心底思っているというよりも、その人の感情の爆発である場合がほとんどです。その感情に正当性があったとしても、爆発する感情のエネルギーを、いつも適切にコントロールできる人はいるのでしょうか。

二才と四才の子をもつ母親の、悲痛な事例です。母親は二才の子の世話で疲れていました。なにしろ、朝から晩まで目が離せない年令です。唯一の息ぬきが、その子のお昼寝の時間でした。やっと昼寝をしてくれたので、さあ、これからの一時間は自分の時間と、母親は手紙を書きはじめました。そのときのうれしさと解放感がどれほどかは、幼児をもつ親なら共感できるでしょう。ところが、数分もしないうちに、四才の子が母親の注意をひきたくて、手紙書きをじゃましはじめました。四才の子にとっては、二才の子が寝ているこのときこそが、母親を独占できる時間なのです。

しかし、母親は、貴重な自分の時間を妨げられていらだちました。このいらだちも、多くの人が共感できるにちがいありません。そのとき、彼女は腹だちのあまり、四才の子のほおに平手打ちを

しました。今までも何度かやったことのある体罰です。そうすれば、その子はすぐにおとなしくなるのを母親は知っていました。ところが、母親はたたいたその手にペンを持っていました。四才の子の目を突いてしまったのです。事故です。でも、完全な事故だったとは言いきれません。「わたしがたたいたりしなければ、こんなことにならなかった」と、母親はあまりの自責の念から、情緒的な混乱をきたしていました。母親と二人の子は、このやりきれない事故がもたらした心理的、身体的な結果を、これから引き受けていかなければならないのです。そのような危険をおかしてまでも、体罰は、するに値する「しつけ」や「指導」の方法なのでしょうか。

「体罰はよくないが、ときには必要だ」という、実に多くの人が支持するこの考えは、きっぱりと捨てなければなりません。「ときには体罰も必要」と考えているかぎりは、体罰はなくならないでしょう。「どんなときにもしない、させない」と、自分に決めておくことが肝心です。

第三章　母性神話の重圧

1　子育てが楽しくありません

こんな相談を受けました。

「子育てが楽しくありません。楽しいどころか苦しいことばかりです。子どもは二才ですが、いつになったら楽になれるのでしょうか。三才までにきちんとしつけておくと、あとが楽だ、と夫の母から言われているので、がんばらなければと思うのですが」

子育てが楽しくて仕方ないという親なんているのでしょうか。子どもはかわいいときもあれば、にくらしいときもあります。子どもの世話をするのがうれしいときもあるでしょうが、どちらかといえば、子どもの世話はたいくつで疲れるときのほうが多いものです。いつもは子育てを妻にまかせっきりの夫は、一日のうちほんのわずかの時間、子どもとつきあうだけなので、その短い時間を楽しんだり、かわいいと思えるかもしれません。でも、一日中、子どもとつきあっている母親には、かわいいはずのしぐさも、そうではなく思えてしまうこともあるのです。そんな多くの母親のホンネは育児書には書いてないので、まじめな人であればあるほど、子育てを楽しめない自分は母親として失格ではないか、と思ってしまうようです。

「最良の母親とは、まあまあの母親である」。これは、子どもの精神医療に多大な貢献をした児童精神科医ドナルド・ウィニコットの残した有名な言葉です。完璧な母親になろうなどと思わずに、適当に手ぬきをし、適当に自分の楽しみにも時間を使って、失敗も多いが落第点もとらないぐらいののんきな母親が、子どもにとっては理想的な親だということです。

まさに、そのまあまあの母親をやっているわたしが、それがベストなんだと主張しても、自己弁護に聞こえるばかりですが、六万例を超える子どもの臨床経験のある精神科医が言うのですから、これは説得力をもちます。

生まれてまもない赤ちゃんを無心に世話する母親の姿をもって、「献身的な母性本能」などとよばれます。しかし、ウィニコットによれば、それは、「母性の原初的没頭」という一種の異常心理状態で、赤ちゃんが生後数週間たつと、母親はこの状態からぬけだし、ちょっとした手ぬきをはじめることで、健康な心理状態にもどるとのことです。

献身的な母親、かしこい母親、愛情あふれる母親……。このような美しい言葉のかげで、実に多くの母親たちが困惑し、自信を失い、劣等感にさいなまれ、不安をつのらせています。

わたしたちが地域で実施している「MY TREE ペアレンツ・プログラム」（一三七ページ参照）に参加する親たちの大半は母親です。彼女たちの心の内を聞いていると、子どもに手をあげてしまう背景のひとつとして、まわりから過剰に期待される理想の母親像が、影を落としていることがわかります。

「母性神話」という言葉があります。母親は自分のおなかを痛めた子どもを愛し、すべてをささげる本能をもっていると、社会に広く信じられている考えですが、実は実体のないものです。母親にとって、自分の子どもはかわいくて仕方ないときもあれば、うるさくてならないときもあるのが普通です。

母性神話を信じてしまうと、母親は自分はダメな母親だと思い、自責感や罪悪感ばかりもつようになってしまいます。自責感や罪悪感は心のなかにためこまれると、いずれ、怒りの感情に変化します。そして、積み重なった怒りはけ口を求めて、身近な弱い者に向けられるのがつねです。

こうして、子育てをきちんとまっとうしようとの志をもつ母親が、子どもをたたいてしまったり、きつくあたったりして、一層の罪悪感にさいなまれ、子育てホットラインなどの電話相談に連絡してきます。マスコミは、彼女たちを子ども虐待予備軍であるかのごとくに、スポットライトをあてます。

2　母親だけが虐待するのではない

夫が家庭をかえりみないので、孤立して子育てに悩む母親が子どもを虐待している、とのおかしな神話が日本では広がっています。「育児不安から、子どもを虐待する若い母親たち」「子育ての基本を知らない未熟な母親たちの増加」「育児の知識を伝達できない核家族化現象」などと、一見、もっともらしい問題意識や分析がくり返されています。

もちろん、このような分析がそのままあてはまる母親もいます。しかし、子どもを虐待する人のプロファイルはもっと多様です。子どもは、父親や義父によっても虐待されています。子どもが殺されたり、重症を負わされる深刻な虐待ケースや性的虐待では、父親、義父、母の恋人などがかかわっている割合が高くなります。

子どもは、家庭の外でも虐待されています。日本では、虐待という言葉が「保護者による暴力」と、せまく定義されているので、家庭の外でおきる子どもへの暴力は、虐待の範囲に入れられません。たとえば、学校や保育園やスポーツクラブでの子どもへの暴力は、虐待とはみなされないことがあります。けれど実際には、子どもは身近にいる大人から虐待されているのです。虐待イコール未熟な母親のすることという、マスコミの好む図式にまどわされないようにしたいものです。

児童相談所に、虐待の通告相談をする人の最も多いのが家族からで、その九割は母親本人です。助けを求めようとしない父親の虐待者は、表面化しません。男性の虐待加害者にどうしたらアクセスできるのか、男性の加害者にどのような援助ができるのか。日本の社会が直面している課題です。

子どもが殺されたり重傷を負ってしまわないかぎり、虐待者から子どもを保護することがむずかしい日本の司法行政のシステムにあって、この問題に取り組むことは多大な困難をともないます。マスコミも行政も、市民も研究者も、この問題に真剣に取り組んでほしいものです。児童虐待防止法を改正し、裁判所の関与によって、虐待者の回復プログラム受講を義務づけるシステムがつくられなければなりません。と同時に、そのための受け皿となる多様なプログラムを、ていねいに実施しつづける地道な活動が不可欠です。

3　三才児神話

先の質問では、三才までにしっかりしつけておくとあとが楽だ、と言われてがんばっているとのことですが、なにやら、そらおそろしい気がします。三才の子に、どんなしつけができるのでしょうか。三才の子に、遊んだおもちゃの後片づけを自発的にさせることは、そもそも、子どもの発達上むずかしいのです。三才の子におもらしをしないように言っても、失敗してしまうことがあるのは当然です。三才までに身のまわりのことを自分でできるようにしたり、大人へのあいさつをきちんとできるようにするのは、かなり無理なことをさせようとしているのです。無理なことをさせようとすると、できない場合が多いので、親は思うとおりにならないことにいらだったり、疲れてしまいます。こうして、親は自分で自分のストレスを高めてしまうのです。

三才までに覚えさせると一生忘れないと思って、ピアノだ、英語だ、と早期教育に熱心になる親もいます。いずれも、広く信じられている「三才児神話」がもたらしている弊害です。

確かに、誕生から三～四才までは人生で特別なときだと思います。しかし、この年代に覚えた言葉は、その後使いつづけなければ、半年もしないうちにきれいさっぱり忘れてしまいます。またこの年代に、きちんとあいさつするようにしつけられても、それをつづけていなければ、子どもはすぐにしなくなってしまいます。

「三つ子の魂、百まで」という諺があります。わたしはこの諺は真理をついていると考えているのですが、一般には誤って理解されていて、それが三才児神話を支えています。諺がいっているのは、三才児の魂であって、知性ではありません。この年代に養われた魂がその人のその後の人生におよぶということです。

魂とは、心です。自分の存在の尊さを知っている心です。自分は世界に受け入れられている、愛されている、必要とされているという認知がもたらす、心の安定です。それは、母親にかぎらず、父親または親に代わる養育者から、まるごと受け入れられ、愛されているという実感によって養われます。このことこそが重視されなければなりません。

子どもにそのことを伝える最も効果的な方法は、たくさんの語りかけと、皮膚感覚をとおしてです。抱っこしてもらい、親の身体の温かさを感じる心地よさに、ひととき身をまかせることで、愛されるよろこびは強く伝わります。皮膚をとおしての感動はいつまでも残るのです。

トラやネコがそうしているように、子どもとじゃれあったり、おんぶしたり、目線を交わしたり、マッサージしてあげたり、そのような、親にとっても心地よい肌のふれあいをたくさんつくってください。そこには、いつも、あたたかい語りかけの言葉が寄りそっていますよね。

ところで、この三才児神話が、先に述べた母性神話と一体化して、「母親は、子どもが三才になるまでは家にいるべきだ」と、子育ての基本であるかのように信じられてきました。そう、確かにこの時期に、子どもは養育者との肌のふれあい、心のかよいあい、言葉の交わしあいの時間をたくさん必要とします。でも、それは、いつも母親でなくてもよいはずです。父親でも、保育所の保育士さんたちでもよいのです。

「子どもが三才になるまでは、家にいなければ」と、母親がひとりで歯をくいしばって子育てするよりも、子どもがよい保育士さんたちと一日の何時間かを過ごし、他の子どもと遊び、父親との時間ももち、そして、短くても安心の密度の濃い時間を母親と過ごすなど、いろんな人の愛情とケアを受けながら育つほうが、子どもにとって、そして何よりも母親にとっても、父親にとっても、よいのではないでしょうか。

第四章　子どもとの良い関係をつくる十の方法

しつけとは、しつけ糸のようなものだと述べました。しつけ糸の役割は、本縫いが曲がらないように、おおまかな形を定めることですから、子どものしつけとは、自立のためのおおまかな枠組みを与えること、つまり、子どもが自分で考え、自分で選択して社会のなかで生きていけるように、子どもをおおまかにガイドすることです。

第一章では、それを「子どもを肯定する」「子どもの自分への自信を育てる」「子どもが自分で選ぶように援助する」の三つに分けて考えました。

この章では、さらに、「子どもとの良い関係をつくる十の方法」としてまとめました。

1　子どもを尊重する

「最近の子どもは、親を尊重しない」となげく大人は少なくありません。そう、尊重は、人間関係の基本です。子どもたちに、尊重を教えましょう。教師や親、大人を尊重するだけではなく、子どもどうしでも尊重しあうように教えましょう。でも、どうしたら、尊重を子どもに学ばせることができるのでしょう。あなたが子どもに、人を尊重することを教えたいと望むのなら、まず、あなたがその子を一人の人間として尊重する必要があります。愛されることではじめて人は人を愛することができるように、尊重されることではじめて人は人を尊重することができるようになります。次の谷川俊太郎さんの詩には、子どもへの尊重の思いがあふれています。

いち

いちってね
つまり　ぼくがね　いちなのさ
ぼくは　せかいで　ひとりきり

いちってね
つまり　ママがね　いちなのさ
ママは　せかいで　ひとりきり

いちってね
つまり　きみも　いちなのさ
ぼくと　きみとで　2になるよ

いちってね
だけど　ちきゅうは　ひとつなの
ぼくと　きみとは　てをつなぐ

いちってね
だから　はじめの　かずなのさ
ちいさいようで　おおきいな

谷川俊太郎

『誰もしらない』（国土社）より

まちがえないようにしましょう。人を尊重するとは、その人が有名人だから、頭がいいから、行儀がいいからではなく、「〜だから」という条件なしに、ひとりの尊い価値ある人間として大切に思うことです。親の言うことをよく聞くからではなく、才気活発だからではなく、大物になりそうだからではなく、人間だから尊重するのです。

E先生は小学一年生の担任です。最初の親との懇談会で、先生はこう自己紹介しました。
「わたしは、教師の仕事が心から好きな人間です。子どもたちと毎日つきあうという、大好きな仕事をさせてもらって、そのうえお給料までもらえるのですから、わたしはしあわせ者です。みなさんのお子さんひとりひとり、ほんとうにすばらしい子どもたちを、わたしのクラスにあずけてくださってありがとうございます」

授業の最初に、E先生はよく生徒に「先生は、みんなのどんな意見も大切にしますよ」と言います。生徒たちの発言を板書するときは、発言をひとつ残さず書くように注意しています。自分の発言が板書されない生徒がいたら、きっと、さびしい思いになるだろうと想像できるからです。

各学期末には、生徒、教師、親の三者懇談会があり、成績について話しあうことになっています。E先生はこんな方法をとります。生徒には前もって自己評価表が渡され、生徒は各科目について、先生の説明を聞きながら、次の三つのことを自分で評価し、書き入れます。

例　算数・引き算

1　おもしろかったことはなんでしたか。
2　よくわからなかったことはなんでしたか。
3　先生に、もっと手伝ってほしいことがありましたか。
4　おうちの人に、手伝ってほしいことがありましたか。

三者懇談会では、まず生徒が、この表をもとに先生と親に言いたいことを言います。その後で、先生と親が意見を言います。これは子どもを尊重したやり方です。学ぶ主体が子どもであり、その子どもの思いや意見に対して、大人はどんなサポートができるかを考えている方法です。

このように、E先生はちょっとした配慮や工夫を取り入れて、クラスの子どもたち全員を尊重することを、第一の学級方針にしています。

2　子どもを信頼する

子どもを尊重するとともに、信頼することも、日頃忘れずにいたいしつけの指標です。

これも、条件なしの信頼であることが必要です。「うちの子はよく勉強するので、すっかり信頼しています」ではなく、「うちの子は親に口答えをして困っています。けれど、信頼しています」というほどの信頼が必要です。

わたしたちは、自分でも知らない深いいのちの力をたたえている存在です。とりわけ、子どもにはたくさんの、いまだ発揮されていない力が内在しています。その力への信頼です。

小さな赤ちゃんを抱いたときのことを、思いだしてください。大人の両手にすっぽりと入ってしまう小さな身体、まちがって落としてしまったら、こわれてしまいそうなやわらかな身体。一見、無力のように見える赤ちゃんですが、その内にはたくさんの力が秘められています。

身近な大人から、かけがえのない大切な存在として尊重され、内的なパワーの豊かさを信頼されつづけることで、子どもは、自分の存在のかけがえのなさを認識するようになります。生命力の強い子、セルフ・エスティームの高い子、自分を大切に思える子、どれも同じことを別の言葉で表現しているだけですが、このような子に育つことを願うのであれば、子どもを条件なしで尊重し、信頼することです。そのためには、あせらずに見守る大胆さも必要でしょう。

3 比較しない

Kさんは、自分が子育て不安にならないようにしようと思い、市が主催する母子のグループに参加しました。最初の二回は、他にも子育てに悩んでいる親たちがいることがわかり、うれしく思いました。ところが、三回目からは、そこにくる他の子どものことが、気になって仕方なくなりました。自分の子どもを他の同年令の子どもと比べると、知的な発達が遅いような気がしてきたのです。使える語彙(ごい)が少ない。他の子は絵本を手にして見ているのに、自分の子は興味を示さない。そのうえ、まだ、おしめをしているのは、どうも自分の子どもだけのようです。

他の子どもとのちがいが気になりだすと、もうそのことで頭がいっぱいです。あせりの思いが火山のように噴出してきました。今まで、いったいなんだって、のんびりのほほんと、子育てをしてきてしまったんだろうと後悔しだしました。すると、自分が母親失格のような気がしてきました。それ以来、母子グループに参加すると気持ちが落ちこんで、家に帰って子どもをなじったり、こづいたり、ときには、ぶったりするようになってしまいました。

比較は、たいへんにおそろしい意識です。大きなダメージを、本人とまわりにもたらします。子どもは、親から他の子どもと比較されることで、深く傷つきます。あなたも子どものころ、比較されて傷ついた記憶はありませんか。

近所の子との比較、きょうだい間の比較、自分と他の親との比較……。比較をはじめたとたんに、親は内心ただならぬ不安とあせりにかられます。その不安は強力な破壊的エネルギーを発して、今までの、親と子のゆったりとした安心な関係にひびを入れます。比較は、親子関係をゆがめる最もありふれた要因なのです。

成長の過程は子どもによってさまざまです。保育園ではのんびり屋さんだった子が、小学生になるとしっかりしてきたとか、保育園では泣いてばかりいた子が、小学校では班長やキャプテンをするようになったりとか、子どもは変わるのです。

その子の今までと比べてほめる以外は、比較はしないと心に決めておきましょう。

4　子どものほめ方を知る

親は、子どもに自信をもってほしいと願っています。子どもは親から認めてもらい、ほめてもらうことで、自信をつけます。けれど、多くの親は、子どもができたことをほめるよりも、できなかったことをしかることのほうが多いのです。叱咤激励（しったげきれい）することで、この次はできるようになるはずだと考えるからです。しかし、子どもは、できなかったことを叱咤されると、自信をそがれてしまいます。それよりも、できたことをほめてもらうことで、自分への自信がうまれ、もっとやってみようと思うようになります。

でも、ただ、ほめればいいわけでもありません。ほめるときのほめ方が、子どもの自信を育てるのに役だっていないこともあります。こんなことに注意してください。

①　誰かとの比較でほめない

「おねえちゃんはちっとも手伝ってくれないけれど、あんたは手伝ってくれてえらいね」

このほめ方は、おねえちゃんとの比較でほめています。比較でほめられるのでは、自分への自信につながりません。「いつも手伝ってくれてありがとう。とっても助かるわ」と、その子の行動そのものをほめてください。比較するのなら、誰かと比較するのではなく、その子の今までと比較してほめるほうが、子どもの自信を育てることになります。

「おにいちゃんより、じょうずだね」ではなくて、「前より、じょうずになったね」です。

「飛び箱、○○ちゃんより高くとべてすごいじゃない」ではなくて、「飛び箱、前は五段までだったけれど、今はもう六段もとべるんだね。すごいじゃない」です。

ピアノの練習を、二曲でいやになってしまった子どもに、「だめじゃないの。まだ二曲しかやってないのよ。がんばって、残り二曲を早くやりなさい」と激励しても、子どもにやる気はうまれにくいでしょう。「よくがんばったね。もう二曲も練習したよ。残るは二曲だけだね」と言ったほうが、子どもはがんばろうという気になります。

「部屋がちらかっているじゃないの。早く片づけなさい」と、しかっているよりも、子どもが部屋を片づけたときに、「部屋がきれいになって気持ちがいいね」と、ほめてください。親からしかられたから片づけるよりも、ほめる言葉をかけてもらうことで、子どもの内から、片づけたくなる気持ちがうまれてきます。

② 結果をほめるのではなく、プロセスをほめる

賞をとったからすごい、百点だからすごいと、結果に注目するほめ方をしていると、自分は賞がとれなかったからダメなんだ、九〇点だからダメなんだと思うようになって、自信が育ちません。

「一生懸命描いたから、入選しなかったのがくやしいのはよくわかるよ。でもさ、一ヶ月もかけて描きあげたってことがすごいよ」というのが、プロセスをほめることです。

③　行動をほめる

「えりちゃんはひとりで買い物に行けて、しっかりしているね」と、子どもの人となりをほめるより、「えりちゃんがひとりで買い物に行ってくれて、お母さんはすごく助かるし、うれしいな」と、子どもの行動をほめるほうが、えりちゃんのなかに、またお母さんの手伝いをしたいという気持ちを育てます。しっかりしているから、がんばりやさんだから、頭がよいからほめるのではなく、そのような行動をしたからほめるのです。

子どもが小学校にあがったら、家のなかの仕事を、少しずつでも手伝ってもらいましょう。じゃがいもの皮むき、お米とぎ、床ふき、風呂場のそうじなど、男の子、女の子のちがいにとらわれず。発達年令にあった、無理のない手伝いをするのがあたりまえになると、親子関係にもよい影響をおよぼします。子どもがお手伝いをしたときは、小さなことでも、必ず「ありがとう」「床がきれいになって、ああ気持ちがいい」「うれしい」など、感謝の言葉をかけてください。

④　ほめる側の気持ちを伝える

「えりちゃんがひとりで買い物に行ってくれて、お母さんはすごく助かるし、うれしいな」は、ほめる側の「うれしい」という気持ちを伝えるほめ方です。こちらの気持ちが相手に伝わるとき、コミュニケーションは最も効果的です。ですから、「あなたはすごい」「えらい」「いい子だね」と言うより、「わたしはうれしい」「わたしは感動した」「どきどきした」と、こちらの気持ちを言葉にするほうがよいのです。

「かけっこで二等賞、アキくんはほんとにえらいね」ではなく、「かけっこで二等賞、お父さんもお母さんも、ほんとにうれしかったよ」と言ったほうが、アキくんの自信はずっと高まります。最後にもう一度。子どもの自信を育むためには、子どもができなかったことに注目して叱咤激励するより、できたことに注目してほめてください。ですから、次のようなほめ方は避けてください。

「ほんとうに、よくやったね。すごいじゃない。でも、いつもそうだといいんだけどね」
「ほら、できるじゃない。だから、文句言わないで早くやってしまいなさい」

せっかくほめたのに、すぐそのあとで、批判したり、注文つけたり、叱咤したりしたら、自信を育てる効果はなくなってしまいます。

5 気持ちの表現をすすめる

七才の末息子から、クリスマス・プレゼントをもらいました。わたしは、子どもたちの誕生日とクリスマスには、小さなものでも、何か自分で作ったものをあげることにしています。そのためか、子どもたちも、わたしには手製のプレゼントをくれます。今回のプレゼントは、『いろんなかお』と題した絵本でした。

表紙には、こう書いてあります。「いろんなかお　けんじ作　この本はぼくがつくったかおの本だ。よんだらぼくがもう一さつつくってあげる。たのんでよね。ずっとずっと大すき！」

その絵本には、さまざまな気持ちを表現している八つの顔の絵が、各ページに描いてあり、それぞれに、「こわくなったかお」「きずついたかお」「おこったかお」「おどろいたかお」「かなしいかお」「わらっているかお」「ねているかお」「へんなかお」と、説明がそえてありました。

人々は、日々、さまざまな気持ちを抱いて生きています。こわさ、悲しさ、うれしさ、しあわせな気持ちなど、感情は人の心の状態を知らせてくれるアンテナです。しあわせな気持ちは、あなたの心が安心であることを知らせてくれます。怒りの気持ちは、あなたの心が傷ついていることを知らせてくれます。

わたしたちの社会では、こうした感情を率直に表現することは、あまり好まれてきませんでした。楽しい、うれしい、しあわせなどの快適な感情はともかく、怒り、悲しみ、ねたみ、さびしさという、不快な感情を人に語るのはいけないことであるかのように、考えられてきました。

怒りや、ねたみの感情を抱くことは、悪いことであるかのように思っている人も少なくありません。しかし、感情に、快、不快はあっても、良い、悪いはありません。どんな感情を抱いてもいいのです。大切なことは、自分の心に渦巻くこれらの感情――気持ちを、正直に受けとめて、その気持ちをどのように表現するかです。

怒りやねたみの気持ちから、人をおとしいれたり、いやがらせをしたり、暴力をふるったりするのはよくありません。一方、怒りやねたみの気持ちをひとりで抱えこみ、抑えこむのもよくありま

せん。抑えこむことで、感情が消えてしまうことはめったにないのです。それどころか、抑えこんだ感情は、心の奥底にいつまでもよどみ、形を変えて健康な心をむしばみはじめます。そして、形を変えた感情は、ときに、人や自分への攻撃として表われます。

健康な心を維持するための感情表現の秘訣は、言葉でのすなおな表現です。たとえば、「わたしはうらやましいと思っているんだ」「おねえちゃんのこと、うらやましいなあ」「あたし、腹がたって仕方がないんです」「あなたのその言葉に、わたしは怒っているのですよ」などは、どれも、率直に自分の感情を言葉にしている表現です。

怒りや、くやしさや、悲しさの感情を、言葉にして相手に伝えるのは、相手を傷つけたいからではなく、相手に自分の気持ちを理解してほしいからです。しかし、多くの場合、わたしたちは、怒りを相手に投げつけるようなやりかたで表現しているために、相手の理解を得るどころか、怒らせてしまい、結果的に互いを傷つける、感情のボールのぶつけあいになってしまうのです。

子どもたちの、そして、あなた自身の心の健康維持のために、次のことに留意して、豊かな感情表現の対話を心がけてください。

五才の兄と三才の弟がけんかをしています。兄は弟をげんこつで数度ぶちました。弟は泣きながら、母親に助けを求めてきました。

「どうしたの？　何があったの？　どっちが先に手をだしたの？」と、母親は何があったのかたずねます。それから、「お兄ちゃん、だめでしょ。あぶないじゃないの。けがしたらどうするの。

あやまりなさい」と、兄をしかりつけます。でも、しばらくすると、同じことがくり返されます。

しつけとは、子どもが自分で問題を解決できるように、おおまかにガイドすることだ、と述べました。けれど、このような場面で、大人がしかったり罰したりするのは、大人が子どもの問題を解決してしまうことです。子ども自身が問題を解決していくように働きかけることが、しつけです。

この場合、母親は、事実関係をたずねるより、子どもの気持ちを語らせてあげてほしいのです。

「どんな気持ちになったから、弟をぶったの?」「よっぽど、いやな気持ちになったのかな?」

そして、その気持ちを言葉で相手に伝えられるよう、手伝います。

「弟があなたの大切なカードをめちゃめちゃにしたから、腹がたったんだね。じゃ、その気持ちを弟に言ってあげなさい」

◆子どもの感情表現の聴き方、受けとめ方は、次の三ステップによる共感的傾聴が基本です

a　相手の気持ちを認めてあげます。たとえば、「痛くてたまらないんだね」「くやしくて怒っているのは、よくわかるよ」

b　気持ちを言葉で表現できるように手助けをします。

子どもが悲しんでいるときはそれを共有し、楽しいときはいっしょによろこんであげます。

c　「そのとき、うらやましかったのかな」など、気持ちを表す言葉をなげかけます。

怒りやいらだちによって、他人や自分を傷つける行為はしてはならないという、行動の境界線を引きます。

では、a～cの方法を総合的に用いた、気持ちの表現のすすめ方の例を示しましょう。

実は、これは気持ちの表現をすすめると同時に、子どもに問題解決のスキルを教える方法にもなります。おもちゃの取りあい、仲間はずれにされるなどの、子どもどうしの争いの訴えに、教師、保育士、親は、日々対処しなければなりません。

「せんせー。◯◯ちゃんがねー、ぶったのー」「おかあさーん。△△ちゃんが、わたしのおもちゃをこわしたよ」……。

そんな時、大人が問題を解決してしまうのではなく、子ども自身に解決させる方法で対応してほしいのです。ちょっとした働きかけで、子どもは自分の問題や対立を解決することができます。大人が子どもどうしの問題の解決をしてしまわないことで、子どもにだって問題解決の力があるんだよと、こちらの信頼を子どもに伝えたいものです。


保育園で、六才のタダシとアキが激しいつかみあいをはじめました。「センセー、アキちゃんが、またけんかしているよー」との、まわりの子どもの報告で、先生は二人を引きはなしました。アキは、今まで何度も、ほかの子をぶったりかみついたりしたことがあります。

しかし先生は、アキが先に手をだしたんだろうとの先入観をもつことなく、子どもたち二人に、問題解決方法を練習させることにしました。先生は、タダシとアキを自分の両側に立たせて、向きあわせました。

先生　先に、タダシから聞こうかな？　タダシは、今どんな気持ちなの？
タダシ　何もしてないのに、アキがぼくをぶった。
先生　ぶたれてどんな気持ち？
タダシ　痛い気持ち。
先生　他には、どんな気持ちがあったかな？
タダシ　怒っている気持ち。
先生　じゃあね、タダシ、その気持ちをアキに言ってごらん。
タダシ　（アキに向かって）ぶったらダメ、痛いから。
先生　アキ。今、タダシが言ったこと聞いたかな？　なんて言ってた？
アキ　ぶつと、痛いって。
先生　そう、ぶつと痛いから、やめてって言っているよ。
アキ　でも、タダシもぶった。
先生　じゃ、アキは、タダシをぶったとき、どんな気持ちだったの。
アキ　ぼくが遊んでいた駒をタダシが取ったから、ずるい。取り返そうと思った。
先生　じゃ、アキは駒を横取りされていやだったんだ。そのこと、タダシに言ってあげて。
アキ　（タダシに向かって）ぼくが遊んでるとき、取りあげたらだめ。
先生　じょうずに言えたね。でも、駒はひとつしかないから、タダシも遊びたいと思うんだけど。アキはどうしたら、よかったの？

アキ　かしてって、言えばいい。

タダシ　言ったのに、かしてくれなかった。

先生　タダシ、そのことを、アキに言ってよ。

タダシ　（アキに向かって）かしてって、言ったでしょ。

先生　（アキが聞いていないようなので）アキちゃん。聞こえますかー。タダシは、かしてって言ったのに、アキちゃんが聞いてくれなかったって、言ってるよ。

アキ　言わなかった。ぼくが悪いんじゃない。タダシはだいきらいだ。

先生　アキちゃんの心は熱くなってきたのかな。だいきらいと思う気持ちがいっぱいなんだね。アキが悪いんじゃないかもしれないよ。でも、だいきらいだからって、タダシをぶつのはだめだよ。

先生　じゃ、アキ、今度、タダシがかしてよって言ったときは、かしてあげるの？

アキ　うん。すぐ返してくれるならね。

先生　じゃ、そのことを、タダシに向かって言ってくれる？

アキ　（タダシに向かって）今度、かしてって言ったときは、かすね。でもすぐ返してよ。

タダシ　（うなずく）

先生　さ、二人でつかみあいのけんかをしなくてすむように、話すことができてよかったね。二人とも、自分の気持ちを言葉でとってもじょうずに言えたね。もっと言いたいことが、何かある？（と、両方にたずねる。）

この先生は、二人の問題を解決してあげようとはしていないことが、わかるでしょうか。二人の問題は二人が解決する、という姿勢を示しつづけています。ごく単純な会話のように見えるかもしれませんが、この先生は、対立を解消するために必要なスキルを充分に使っているのです。そのスキルとは次のようなことになります。


*どちらが正しくて、どちらが悪いとの判断をしない。

*当事者に自分の感情に気づかせ、それを言葉で表現するように援助する。

*当事者どうしの、直接のコミュニケーションをすすめる。

*相手に対してどのような感情を抱いているかを、言葉で伝えることをすすめる。

*相手にどうしてほしいのかを、直接、相手に言葉で伝えることをすすめる。

*当事者が直接のコミュニケーションをとることで対立が解消したら、そのことをほめる。


こんなにうまくいくだろうか、と懐疑的な読者もおられるでしょう。でも、コミュニケーションを閉ざす最大の要因である感情のわだかまりが、互いの感情を言葉で相手に伝えることによって取りのぞかれると、対立は一気に、霧が晴れるように解消してしまうことが少なくありません。試みてください。きっと、その効果に驚くにちがいありません。

これは、子どものけんかや対立に、大人が踏みこんでいくことではありません。むしろ、逆のアプローチです。従来は、大人が解決してしまっていた子どもの問題を、子ども自身で解決できるように援助しているのです。このような援助をつづけていると、子どもたち自身の問題解決力がついてきて、親や教師が入って援助しなくても、自ら、対立を解決することができる子どもが現れてきます。

◆小学生、中・高生の場合

子どもの年令が高くなっても、対立解消の方法は基本的に同じです。

ただ、学童期、思春期の子どもの抱える問題は、幼児より複雑になるので、対立解消の援助をする人は、幼児の場合より、「聴く」ための時間をもっととらなければなりません。気持ちを表現する練習はとても大切です。

子どもたちに気持ちの表現をうながし、感情表現の仕方を教え、同時に他者の気持ちを聴くことをすすめる『気持ちの本』（森田ゆり　著／たくさんの子どもたち　絵／童話館出版）も活用してください。

6　今を、子どもと楽しむ

「一年生になったので、絵本を読んであげるのはやめて、自分で読ませるようにしています。今まで読んであげてばかりいたので、自分で読む習慣をつけさせせないと」という、親の声をよく聞きます。

これは、なんとも残念な考え方です。今絵本を楽しむことが、将来本を読む訓練の時間になっているからです。文章を読むことにまだ慣れていない子どもにとって、ひとつひとつ文字を拾いながら読むことが、楽しいわけがありません。お話のおもしろさやふしぎさを感じるゆとりは、なくなってしまいます。

親や先生に絵本を読んでもらうことで、子どもはお話の世界にはいりこみ、想像をひろげ、悲しんだり、心配したり、よろこんだりします。絵本の読みきかせは、大人と子どもがひとつの世界を共有し、遊び、楽しむ貴重な時間です。それは、子どもと今を楽しむことであるとともに、前述の、1　子どもを尊重する　2　子どもを信頼する　にも深くかかわってくる、大人と子どもの魔法の時間なのです。

こうして、子どもの頃、親や身近な大人から読んでもらったお話や、うたってもらった歌は、意識の奥底にいつまでも留まり、その人のその後の人生の滋養となっていきます。苦しいとき、さびしいとき、踏んばらなければならないときに、揺れる心のバランスを支えてくれるのは、きっと、耳をすませば聞こえてくる、子どもの頃に味わった語りの声にちがいありません。

絵本を読んであげることにとどまらず、何か、子どもといっしょに楽しむ時間を、短くてもよいから一日に一度はもちたいものです。子どもの、「うれしい」「おもしろい」「ふしぎ」といった心に感応し、言葉を交わしてください。

末の子どもが五才のときのことです。夜道をいっしょに歩いていると、「ほら、あの月、ずっとぼくたちについてくるよ」と言いました。「ほんとだね。なんでだろうね」と、わたしは子どもとふしぎを共有しました。すると、その後も、子どもはよく月について話します。「見て！ なんで、あんなに今日の月は大きいの？」「ぼくは、細い三日月がすき」

そんなとりとめのない会話を、楽しんだものでした。

わが家のすぐ近くの道路わきの電柱と木のあいだに、全長五センチはある大きなクモが、巣をはっていました。クモは、高いところから、ツーと糸をはりながらおりてきたかと思うと、またすばやく、糸をのぼっていきます。上へ下へと忙しく動きまわる大きなクモの動きは、見ていてあきません。末の子はクモの動きに見とれて、三〇分たってもその場を動こうとしませんでした。彼が、翌日、見に行くと、クモの巣はすっかりなくなっていて、とてもがっかりしたようすで帰ってきました。ところが、夕方には、あのクモがまた現れて、巣をはっていたのです。

「おかあさん。あのクモが、きのうと同じところに巣をはっているよ！」

重大事件が発生したかのような報告ぶりでした。

「おとうさん、クモを見に行こうよ。きっと、もうすっかり、はりおわったころだから」

「クモは、毎日、巣をはりかえるのかな?」

「クモの巣って、きれいだね」

わたしたち大人も、クモの巣のはりかえ作業にすっかり魅了されて、毎日二回は、その場所に足を運びました。クモの動きを目で追いながら、わたしは、アメリカ・インディアンの、クモの巣によるドリーム・キャッチの話をしました。末の子は、アメリカの古典的なクモの物語、『シャーロットのおくりもの』（あすなろ書房）の話をしました。親子でキャッチボールをしたり、いっしょにスキーをしたりするのとはまた別の、子どもとの楽しくて濃密な時間でした。

また、何十年も前の、母との短いなにげない会話を、今もわたしはほのぼのと思いだします。夕方、わたしと母が二人だけでいると、部屋のなかが暗くなってきました。母は「暗くなったから、電気をつけようね」と言い、裸電球をつけると、「ほら、明るくなったよ」と、わたしに笑いかけました。わたしは、母の言葉とその行為とで、急に心のなかまで明るくあたたかくなったような気持ちになり、母に、にっこりと笑い返しました。これだけのことですが、仕事をもちながら五人の子どもを育てていた母が、わたしとだけ分かちあってくれたこの短い時間は、意識の奥底にそっと置いてある宝物のように、明るさとあたたかさを、わたしの心にもたらしつづけてきました。

心地よい時間と空間のなかで、遊びと想像の世界に、大人も子どももともにひたりましょう。

7　あなたの家庭で大切にしたいこと

「あなたの家庭では、何を大切にしていますか」

子育て支援グループで、そうたずねたことがあります。すると、いろんな答えが返ってきました。休みの日に家族いっしょに何かすること、音楽、夫の仕事、サッカー、家を買う夢、なんでも話しあうこと、考えたことがない、などなど。

考えたことがない人がかなりいたので、「では、あなたの育った家庭では、何が最も大切にされていましたか」とたずねました。すると、「父親」と答える人が多くいました。父親の考えがいちばん大切にされていた。父親の仕事のつごうで他のことが決まった。父親の機嫌をみながいつも気にしていた……。

かつて父親が一家の大黒柱とよばれていた時代は、もうとっくに終わったかのような気がしていましたが、どうも、そうではないようです。でも、あなたが家庭をつくっている今の時代では、一家の大黒柱は父親だけではありません。というよりも、大黒柱そのものが家屋に使われなくなったように、一家の大黒柱が必要だという考え方じたいが、変わりつつあります。父親も、母親もどちらもが、一家を支える柱です。二本の柱がバランスを保つためには、夫婦間の言葉のコミュニケーションが豊かでなければなりません。家族全員の気持ちや意志の交流が活発であること、なんでも話しあうこと。これを、家族で大切にしたいことにしてもいいですね。

わたしの育った家庭では、「大自然のなかで」ということが大切にされていました。わたしの両親は、子どもたちを自然のなかで育てるために、ずいぶんと苦労をしたようです。都心の官公庁が勤務先だった父は、鎌倉の海岸近くの山の頂上に借りた家から、片道三時間をかけて通勤していたことがありました。夏休みは一ヶ月間、父は東京に残り、母と子どもたちは、信州の山奥のぼろ小屋を借りて過ごすのがつねでした。

あなたは、何を大切にする家庭をつくっていきたいですか。

8 行動を選択する援助

わたしは、日本の子どもたちにとっての不幸のひとつは、食べ物・おもちゃ・ゲーム・衣服など、物の選択肢はたくさんあるのに、生き方や考え方を自分で選択できる機会が、とても少ないことだと思います。学校に行くことしか教育を受ける選択肢がない、という日本の制度上の現実は、その端的な例です。ホーム・スクールという選択肢、小人数のグループ・スタディという選択肢が、国の認可を容易に受けられるようになり、学校以外の場でも、高等教育につながる教育が受けられるようでなければなりません。

日本の子どもたちの、みんなと同じように行動しなければ、とのプレッシャーはたいへんなものです。みんなとちがう行動は異端視されます。独創的な行動は歓迎されません。ちがうことをして目立ってはいけない、まわりにどう思われるか、どう見られるかが、気になって仕方ないようです。

日本の大人たちは、子どもに選択させるという働きかけを、あまりしようとしません。大人が選んで決めてしまうことが多いようです。たとえば、次の例をどう考えますか。


公園の砂場で二人の子どもが遊んでいます。それぞれの母親がおしゃべりをしています。

二人の子どもが、ひとつしかないシャベルの取りあいをはじめました。

C子「返して！　あたしが使っていたんだから」

D男「やだ、ぼくはまだ使ってないんだもの」

C子の母親は、あわてて介入します。

「Cちゃん。かしてあげなさい」

すると、D男の母親が言います。

「Dくん、だめでしょ。C子ちゃんのシャベルをとりあげたりしたら。すぐに返しなさい」

どちらの母親も、子どもがどうしたいのかには関心がないようです。母親は相手の母親への儀礼上の配慮から、子どもをしかっているように見受けられます。こんなときにこそ、親がひとつの行動を指示強制するのではなく、子どもに行動の選択肢を考えさせてほしいのです。

C子の母「Cちゃん。かしてあげるのはいやなの？　すぐ返してねと言って、かしてあげるのはどう？」

D男の母「Dくん。かりたいときは『かして』ってたのんだら？『すぐ返すからね』って言ったらどう？」

「ああしなさい」「こうしなさい」と指示するのではなく、「あなたはどうしたいの？」「こうするのはどうだろう」と、問いかけることで、子どもは、自分で考えるくせをつけるようになります。問題が生じたら、すぐに大人が介入するのではなく、子どもが自分はどうしたいのか、どうすればよいのかと考えることで、以後、問題に直面しても、それを解決する力が自分にあるという自信をつけていくのです。

行動の選択肢を考えること、すなわち問題解決力をつける練習は、子どもに問いかけるという、ちょっとした働きかけで、幼児期から日常のなかでつちかわれていきます。

9　真向き、横顔、後ろ姿

「父の後ろ姿から学びました」という人がいます。父親はいつも仕事で口数も少なく、あまりいっしょに遊んでくれなかったけれど、その生きる姿勢と真摯(しんし)さから多くを学んだという意味合いでしょう。けれど、わたしは親として、できることなら自分の後ろ姿だけでなく、前からも横顔からも学んでほしいものだと思います。

わたしの父は、犯罪に走ってしまった非行少年のために、自分の人生の大半をささげた家庭裁判所の判事でしたが、家庭教育の三つのあり方として「真向き、横顔、後ろ姿」という、幼児教育研究の先達だった倉橋惣三（くらはしそうぞう）の言葉を、よく引用しました。

真向きとは、親が子どもにしっかりと注目し、会話を交わし、気持ちをかよわせあっている姿です。子どもの話にしっかり耳を傾けているとき、子どもとの楽しい時間をともにしているとき、子どもの質問に答えているときなどです。

横顔とは、子どもにかまってあげられない忙しい姿。父の時代の例としては、田植えに精だす母親の顔、縫い物にいそしんでいる母親の姿です。

後ろ姿とは、信念や強い思いなど、軽々しく言葉にはできない、広く深い心の内を感じさせる姿です。静かに祈る姿、一点をみつめて沈思する姿、長年の苦労を感じさせる姿などです。

「思えば、問題の子どもの大多数が、幼少時から、このような三つの態度が調和していない親のもとから生まれたものだといってよいと思います。ことに、真向きに過ぎると、とかく子どもをかまいすぎて、ホイホイあまやかし、かばい過ぎになり、または、ガミガミ、イライラになって、子どもをそこなうのです。」「『真向き、横顔、後ろ姿』の三対がよく調和を保つところに、親の子に対する正しい教育的態度があり、しつけの秘訣があると思います。」（森田宗一著『親と子の生き方、つきあい方　ふるさと教育論』修養団出版部　昭和五十四年）

わたしにとっての、父の真向き、横顔、後ろ姿をそれぞれ思いだしてみました。はっきりと思い浮かべることができるのが、横顔です。書斎で客と話す父、訪れてきたかつての非行少年とうれしそうに談笑する父は、いずれも横顔です。真向きの父の記憶は、わたしが成人した後のほうが鮮明ですが、それでも、父に書を習っているわたし、父がつくったばかりの俳句を読んでくれる場面などが思い浮かびます。後ろ姿は、両手をあわせて静かに黙想している父です。

あなたの親の、真向き、横顔、後ろ姿をそれぞれ思いだしてみてください。どんなシーンが思いだされますか。

ところで、私自身は親として子どもたちに、どんな真向き、横顔、後ろ姿を見せてきたのか、それを子どもたちは、どう受けとめているのか興味あるところです。

10　愛の伝え方

かわいく、いとおしいけれど、ときには憎らしく、腹だたしい子どもに、あなたは、愛をどんなふうに伝えていますか。愛は力なりといいます。でも、それが子どもに伝わらなければ、愛のパワーは発揮されません。愛をどう伝えるかについて、恋人に求愛するためのノウハウは伝えられてきたようですが、親が子に愛を伝える方法を、わたしたちは学んできませんでした。

先ほどの、真向き、横顔、後ろ姿でいうなら、親の愛は後ろ姿で伝わればよい、と日本では思われてきました。確かに、親の無言の背中が伝える深い愛情もあるでしょう。いつになくきびしい母の顔が伝える愛情もあるでしょう。けれど、それだけでは伝わらないこともあるし、すれちがいも多いでしょう。もっと積極的に、愛情を言葉や身体で表現し、伝える努力も必要です。後ろ姿や横顔ではなく、真向きで子どもにしっかり対面して、子どもを尊重していること、信頼していることを伝える練習をはじめましょう。

面と向かって愛を率直に表現する最も便利な言葉は、「ありがとう」です。親が子に伝えたい究極の愛のメッセージは、「生まれてきてくれて、ありがとう」「あなたがあなたであることに、ありがとう」「わたしの子どもで、ありがとう」だと思います。でも、そんなことをいつも言っていたら、子どもに気味悪がられます。せめて、小さなことでも一日一度は、ありがとうのひとことをかけてください。ありがとうを適切に使える親は、子育てじょうずです。

「お手伝いしてくれて、ありがとう」「ママのこと思ってくれて、ありがとう」「ほんとの気持ちを教えてくれて、ありがとう」「心配ごとを話してくれて、ありがとう」

家庭を、ほっとできる安心な場にすることも、親の子への愛情表現のひとつです。あなたが理想的な、完璧な親であろうとしていると、子どもは息ぬきができなくて、家庭が安心の場ではなく、緊張の場になってしまいます。親がまぬけな失敗をやらかしてしまったことを、家族全員で笑い話にできるような余裕が必要です。ユーモアのある、他愛もない会話が交わされ、笑いをみなで楽しんでほしいものです。

五才のC君が食事のあと、ご飯茶碗を頭にのせ耳の後ろにはお箸を一本ずつかけて、ひょっとこのような顔をして、「見て、見て」と、みんなに言いました。なんともおかしな顔だったので、親も姉たちもどっと笑いました。こんな場面は、家族であることの楽しさを共有する貴重なひとときです。あなたは、いかがですか。子どものそんなおどけを、余裕をもって笑えますか。あるいは、「なんですか、ふざけて。茶碗が落ちたら誰がそうじするのよ。すぐにやめなさい」と、しかってしまいますか。

おだやかな自然も、わたしたちの安心を養ってくれます。わたしの講座への参加者六十人に、「あなたが深く安心していた子ども時代の記憶は、どんな場面ですか?」とたずねたことがあります。すると、五十人近くの人が、自然に接していたときをあげました。満開の桜の下にぼんやりすわっていたとき、川で泳いでいたとき、砂浜に腰をおろしていたとき、地面に寝ころがって満天の星をながめていたとき、などなど。

実は、わたしにとってもそうなのです。子どもの頃、自分が心から安心を感じていた記憶といえば、木の上に登っているときでした。家の庭の大きなビワの木に登って、一時間でも二時間でも、すわっていることがありました。お気に入りの枝にすわると、とたんに、心がいっぱいに開いていく解放感に満たされるのでした。吹く風と、流れる雲と、空と、鳥と、木と語りあったり、見つめているとき、自分が世界にまるごと受け入れられている、安心の幸福感を感じていました。

子どもを自然のなかに連れだしましょう。戸外でキャンプをしたり、山歩きをしたりして、自然のなかのいのちの音や色や動きから、新しい発見をしてください。自然は都会にも息づいています。

コンクリートのすきまに咲くタンポポの花、屋根の上からながめる空など、都会でも、自然の与えてくれる安らぎを見いだすことはできます。

第五章　体罰に代わる十のしつけの方法

第二章で、体罰がもつ次の六つの問題性を指摘しました。

①体罰は、それをしている大人の感情のはけ口であることが多い。
②体罰は、恐怖感を与えることで、子どもの言動をコントロールする方法である。
③体罰は、即効性があるので、他のしつけの方法がわからなくなる。
④体罰は、しばしばエスカレートする。
⑤体罰は、それを見ているほかの子どもに、深い心理的ダメージを与える。
⑥体罰は、ときに、とり返しのつかない事故を引きおこす。

体罰には、このようないくつもの問題があるのですから、しない、させないと、まず自らに言いきかせることが大切です。でも、体罰をしつけの方法として使ってきた人にとって、それに代わるしつけの方法を知らないと、体罰をやめることはむずかしいでしょう。では、体罰に代わるしつけの方法とは、どんなことなのでしょうか。

◆しつけのアイディア

体罰によらないしつけの方法とは、アイディアによるところが大きいのです。子育ての本や講演会などで、子育ての理念は多く語られていても、その理念を日常生活で実践するための工夫やアイディアが示されることはまれです。「子育ては楽しんでやりましょう」とのかけ声を、しばしば見聞きします。でも、そのための具体的ヒントやアイディアは提供されているのでしょうか。

わたしたちに、アイディアがないわけではないのです。実際に、親や教師や保育士たちはそれぞれのアイディアを用いて、子どもとの困難な場面を乗りこえています。でも、それが共有されていません。アイディアを分かちあう必要があります。

「わたしは困ったときに、ああしてみた」「こんなふうにしてみたら、子どもはすっとわかってくれた」というのはアイディアです。それは、「AをすればBの結果がでる」というハウ・ツーではありません。ハウ・ツーは道具を使いこなすのに役だちますが、子育ての相手は人間ですから、誰かが教えてくれたやり方をそのとおりにやっても、同じ結果はでません。

スキルとは、さまざまな状況に対して対応できる、方法や選択肢のことです。教師や保育士は教育のプロなのですから、この選択肢をたくさんもっていなければなりません。どのような仕事においても、プロフェッショナルはスキルをもっており、たとえば、一から十の方法のうち「この場合には三と五の方法を使うのが適している」と選んで使うことができる、それがプロの仕事です。

一発なぐればこちらの愛情は伝わるはずだと、体罰をする教師は、教育のプロとしてのスキルのない人だといえるでしょう。

親は子どもの成長に最も影響を与える存在ですから、子育てのプロであってほしいのです。

◆体罰に代わる十のしつけの方法

わたしは、これから、「体罰に代わる十のしつけの方法」を語ります。しかし、それは十以上あるはずです。三十も四十もあるのではないでしょうか。子育て実践者たちの経験と工夫を集める作業を、あなたの職場で、地域の子育てグループで、ＰＴＡではじめませんか。あなたのグループでつくった「しつけの十のアイディア集」などという報告書を交換しませんか。

1　肯定型メッセージをおくる

実際に行われているしつけの大半が、否定型メッセージです。つまり、「～してはいけません」のたぐいです。否定型が必要なときもあるのですが、否定型より肯定型のほうが、受ける側にすれば実行しやすいものです。「廊下を走るのはやめなさい」より「廊下は歩きましょう」のほうが、「泣くのはやめなさい」より、「隣の部屋で泣いて」とか「あと三十秒だけ思いっきり泣いてから、泣きたくなった気持ちを話してよ」のほうが、子どもの行動変化を期待できます。

「ダメです」と言われれば言われるほど、一層そのダメなことをやって、大人の注意をひこうとする子どもは少なくありません。「～するのをやめなさい」と否定型メッセージをおくるばかりだと、大人は子どもがそれに従わないと、大人はいらだち、自分でストレスを高めてしまいます。あなたは日頃、一日に何回、子どもに否定型メッセージをだしているか、数えてみてください。もし、あなた自身が一日十回も「～してはいけません」と言われつづけたら、どんな気持ちになりますか。うんざりして聞き流そうとしますよね。子どもも同じ気持ちになるのです。

一日十回の否定型メッセージをだしている人は、そのうちの半分を肯定型メッセージに言いかえるとどうなるか、その練習をしてみてください。なかには、言いかえがきかないものもあるでしょうが、何度かやっているうちに、結構、言いかえができることに気づくでしょう。

四才の子がかんしゃくをおこして、まわりの物を投げはじめました。「投げるのをやめなさい！」と大声でどなりつけるのではなく、「それ、お母さんの手にちょうだい」と手を差しだすと、子どもはきょとんとして、おかあさんの手の上においていて、かんしゃくが収まってしまいました。肯定型メッセージの例です。

水の入ったグラスをテーブルの端に置いた子どもに、「そんなところにおいては、ダメでしょ」とどなるより、「そのグラス、今度からここに置いてね」と、グラスを机のなかほどに移すほうが、子どもには効果的です。「いつまでも起きてちゃいけません」ではなく、「今すぐに寝てくれると、うれしいなあ」と言います。

2　ルールを決めておく

ルールは、人の行動を制限するためではなく、人が長時間をともにするとき、その時間を安心な場にするために必要です。ルールがない集団には権力者がでやすいものです。その集団で力をもつ者の考えや気分で、そのときそのときのルールがしかれてしまいます。これでは、他の人は権力者のご機嫌をうかがっていなければならず、安心できる場ではありません。

家庭や学級で、これだけは破ってはならないというルールを定めておくことは、肯定型のしつけをしやすくさせます。ただし、それは守れるルールでなければなりません。ルールはたくさんあると守れませんから、せいぜい三つか四つくらいがよいでしょう。ルールとは契約事ですから、家庭や学級など、その集団のメンバー全員が納得し同意していなければなりません。

学級でおすすめなのは、教師と生徒とで年度始めにルールづくりの共同作業をすることです。

わたしの娘が小学五〜六年生のときの担任の先生は、毎年、年度始めに、生徒たちといっしょに学級のルールづくりの授業をしました。まず、先生が、この一年間生徒たちに期待する四つのことをリストにします。

①互いを尊重する。　②人の話をよく聞く。
③はい、いいえ、どちらでもない、をはっきりと言う。
④困ったときには誰かに相談する。

「この四つを、みんなは守ってくれますか?」という問いに、全員が手をあげて同意しました。こうして、生徒たちが守らなければならない四つのルールができました。

次に生徒たちが、先生に期待することを、グループごとに四つリストにしました。各グループのリストを集めて共通する項目を取りだし、クラスとしての四つのリストをつくりました。各グループのリストには、「宿題をださないこと」「全部休み時間にすること」など、ふざけたのもあったのですが、共通するものを四つ選ぶと、どれもまっとうな内容になりました。

①えこひいきをしない。 ②生徒を尊重する。
③生徒の話をよく聞く。 ④わかりやすく教える。

先生もこの内容に納得したので、ここに、生徒が先生に守ってほしい四つのルールができました。この学級のふたつのルールのリストは、黒板の上に貼られました。一年間、このルールを守って、生徒と先生が安心できる学級にすることを約束したのです。

家庭でも、親と子が協力してこのようなルールをつくることができます。ルールを決めたらつねに守ることとです。あるときは守ってあるときは守らないというのでは、ルールがないのと同じです。ある人には守らせてある人には守らせないでは、ルールではありません。「うちでは、あの三つは絶対の約束事なんだ」と、子どもが思わなければつくる意味はありません。また、ルール違反があったらどうするかも決めておきます。

3　子どもの気持ちに共感する

とんでもない、子どもが悪いことをしているのに共感するなどもってのほか、と思われるかもしれません。でも、共感とは相手に賛同することではありません。共感は同感ではなく、もちろん、同情でもありません。

わたしたちの言動は、感情によって大きく左右されます。こうするのが正しい、これをしなければならない、これをしてはいけない、と理性ではわかっていても、感情が大きく揺さぶられていると、そうできないことはよくあります。子どもたちも同じです。

感情の波にのみこまれているときに、「どうして、そんな悪いことをするのか」とどなりつけ、げんこつをくらわせてみても、相手の感情の波は一層大きくなるばかりです。まずは感情を静めることが必要です。そのために効果的なのが、第四章の5でも述べた共感的傾聴です。子どもの気持ちに耳を傾け、「今あなたは、そんな気持ちでいっぱいなんだね」と、認めてあげることです。「全くそのとおり」と、同感する必要はありませんが、「そんな気持ちになっているんだね」と、認めてあげることはできるはずです。他者に認められることによって、コントロールを失った感情は一気に静まることが多いものです。

たとえば、子どもが大あばれをはじめたとき、大人がそれをやめさせようと、どなったり、体罰をしたりしても、効果を発揮しないことが多いでしょう。それよりも、大あばれという行動で他者

KG

にわかってほしいその子の気持ちを、聴いてあげてください。問題行動の背後にある気持ちを、言葉で表現できるようにしてあげるのです。その子の言動の良し悪しに判断を加えるのではなく、また、安易に同感するのでもなく、ただ、「そんなに、くやしかったんだね」「とても、怒っているんだね」と、気持ちを認めてあげるだけでよいのです。自分でもよくわからない感情の嵐のなかにいる子どもは、自分の気持ちを受けとめてもらえると、あばれるという方法で感情を表現しないですみます。たとえば、こんな言葉かけをします。

「今は、君も先生も興奮しているから、少し気持ちが落ちついたら、ゆっくり話を聞きたいな」
「大あばれをしたくなったのは、どんな気持ちだったのかな?」
「そうか、みんなから無視されてさびしくなったのか」

共感的傾聴をすると、あんなにあばれていたのがウソのようにおだやかになっていくことを、わたしは何度も経験しました。「以前は、ずいぶんむだなエネルギーを使って、効果のないことをしていたと思います」と、報告してくれる親もいます。

くどいようですが、共感とは同情や同感することではなく、相手の気持ちをただ認めてあげることだと確認しておいてください。

4　こちらの気持ちを言葉で伝える

子どもと対応していると、大人の側もいろいろな感情を抱きます。感情的になっているときは、子どもの気持ちに共感し、寄りそうことができなくなります。そんなときには、あなたの感情を率直に子どもに伝えることも必要です。

意見の対立や感情的なわだかまりが生じたとき、相手を尊重しつつ、自分の感情や考えを率直に伝える方法のひとつとして知られているのが、Ｉ（わたし）メッセージです。

子どもが困ったことをすると、多くの親や教師は「Ｙｏｕ（あなた）」を主語にして、「あんたが悪い」「あなたに原因がある」などと、子どもを批判します。すると、子どもは自分が批判されているように感じて反発するか、どうせ自分はだめなんだと自信を失ってしまいます。一方、Ｉ（わたし）を主語にして気持ちを語ると、こちらの真意が伝わって、相手の反感を増すことも、相手の自信を失なわせることもしないですみます。

「（あなたは）そんなうそばかりつくと、警察につれていかれますよ」と、脅しをかけたり、「（あなたは）そんなうそばかりつくと、みんなにきらわれますよ」と、Ｙｏｕメッセージで批判するのではなく、「そんなうそばかりつくと、おかあさんはとても悲しい」と、こちらの気持ちを伝えるのがＩメッセージです。

帰りの遅い娘に向かって、「いったい（あなたは）、こんなに遅くまで何をしていたのよ！」というのが「Ｙｏｕメッセージ」。それに対して、「（わたしは）あなたの帰りが遅くて心配でたまらなかった」というのが「Iメッセージ」です。

「あなたはいつも、〜〜なんだから〜〜」と、相手への不満や批判を言うのではなく、「わたしはあなたに〜〜してほしいんです」と、代わりの行動を提案するのもよい方法です。

「あなたはいつも帰りが遅くて、変な子たちとつきあったりしてないでしょうね」と言うのでは、子どもの反感はつのるばかりですが、「(わたしはあなたに) 九時になったら必ず電話をいれてほしい」というほうが、子どもは感情的にならずに今度はそのようにしようと思うでしょう。

I(アイ)メッセージを使うときは、これはeye(アイ)メッセージでもあるんだと、相手の目を直視して言うようにしてください。目をあわせないようにしてIメッセージを使っても、効果はありません。あなたの真剣な思いと気持ちが相手に伝わらなければなりません。そのためには言葉だけでなく、身体、ジェスチャーも使います。

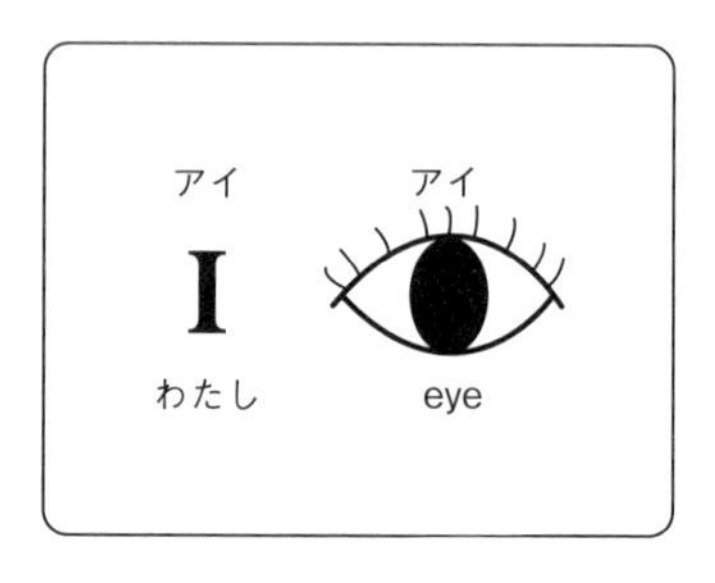

5　子どもから離れる

前に述べたように、体罰は、それをする大人の感情のはけ口であることが多いのです。子どもが許せないことをした、侮辱するようなことを言った、信頼してはそのたびに裏切られてきたというような場面では、こちらの感情のボルテージはきわめて高くなっています。そんなとき、大人であるわたしたちも、自分の感情のコントロールがきかなくなります。コントロールを失った感情は、暴言、暴力となって発散されがちです。

言葉で自分の気持ちを伝える余裕がもてないほど、激しい感情にあなたが支配されているときは、子どもとのあいだに、一時的に距離をたもつ必要があります。「このままだと、手がでてしまいそうだ」というときは、あなたは感情の嵐のただなかにいます。そのとき、「こんな感情に支配されてはいけない」と思うのではなく、「こんな感情になっているから、今は相手と距離をもとう」と思って、そこから身をはずすようにしましょう。具体的には、その場を即座に去ります。

そんなとき、電話で相談できる相手をもっているのもよいことです。あなたの話をいつでも聞いてくれる友人、知人はいませんか。いなかったら、電話相談を活用するのもよいでしょう。電話相談の電話番号を緊急電話リストに載せておきます。

感情には、正しい感情も悪い感情もありません。怒り、ねたみ、羨望、いらだち、憎しみなど。どんなものでも感情に善悪はないのです。ただ、激しい怒りや、落胆や、いらだちの感情ははけ口を必要としますから、相手が自分より身体的、社会的に弱い者である場合、その人にもろにぶつけてしまいがちです。その結果、相手を心理的、身体的にひどく傷つけてしまうことが少なくありません。もろに感情をぶつけられると、相手もまた刺激され、感情をこちらにぶつけ返してきます。

しかし、口答えや反抗的な態度はとれないと知っている子どもは、なぐられたときのさまざまな感情をぶつけてくる代わりに、内にためこみます。そうやって、行き場を失った激しい感情は、子どもの身体のなかをさまよいつづけ、いつか、どこかで、予想もしない言動として現われることになります。

そんなことにならないように、その場にのぞんでは子どもと距離をたもち、自分に時間と空間を与えましょう。そして、あなた自身も、激しい感情をためこまないようにしなければなりません。そのためのよい方法は、あなたの気持ちを誰かに聴いてもらうことです。

6 主導権争いをしない

最近、中学一年の息子が横柄(おうへい)な態度をとるようになって、母親はどうしたものかと思っています。先日も「こんなまずいもの食えるか」と言い放ち、食事の席を立ちました。母親は非常に腹をたて「自分を何様だと思っているのよ。それなら食べなくていい！」とどなりつけてしまいました。親を親とも思わないような態度を許しておいてはならないと考え、翌日、父親もいっしょになって強くしかりました。そのときは、黙りこくって親の怒りを受けていたので、反省したのかと思うと、その後も、息子の反抗的、挑戦的態度は変わりません。

こんなとき、子どもは親と権力争いをしようと試しているのです。親は、子どもに負かされてなるものか、親としての威厳を示しておかなければ手がつけられなくなると、子どもを理詰めで、大声で、ときには暴力で押さえこもうとします。すると、子どもは親の力の前に屈服したかに見えるかもしれませんが、力で押さえこんでいるかぎり、親子の関係は一層、悪化するはずです。子どもはまた、権力争いで親に勝とうと試みてくるでしょう。この場合取るべき方法は、そのような権力争いにはのらないことです。負けてもいけないし、勝ってもいけない。争いから身を引くことです。権力争いをするのに興味はないと、子どもに知らせることです。

「こんなまずいもの食えるか」と言い放ったとき、「ごめんなさいね。あなたの好きなものをつくってくるから待っててね」と、オロオロと息子の機嫌をとるのが負けることです。すると、子どもはさらに争いをしかけてきて、主導権をにぎろうとするので、行動がエスカレートします。ですから、負けてはいけません。

負けも、勝ちもせず、引き分けることが必要です。「そうね。お母さんのつくる食事がいやになったんだったら、これからはあなたも料理を習って、週に一度は夕飯をつくってもらおうかしら」と、いやみではなく本気でそう言えたら、権力争いから身を引いたことになります。

実際には、子どもへの怒りの感情がわいてくるでしょうから、争いから身を引くことはそう簡単ではないはずです。しかし、ここで感情にまかせて子どもを屈服させようとすると、親子関係は取り返しのつかないほど悪化する可能性があることを、知っておいてください。

7　特権を時間をかぎって取りあげる

子どもが許しがたい言動をしたときや、同意のもとに決めたルールを破ったとき、それはだめなんだと、あなたの価値観や信念を知らせる必要があります。もちろん、言葉で伝えることが第一ですが、言葉だけでは伝わらない場合もあるでしょう。

体罰のように、子どもに恐怖を与える行為は、人権（人としての尊厳）を傷つけることです。人権を取りあげることはできませんが、「特権」を一時的に取りあげることはできます。たとえば、いつもはテレビを一時間見てもよいことになっているならば、その日は、テレビを見るという特権はなしにするなどです。その場合、「時間をかぎる」というのがポイントです。たとえば、幼児がどうにもならないほどにダダをこねているときは、「タイムアウト」を発動するというやり方があります。タイムアウトとは、決まった時間だけ決まった場所にいてもらうことです。決まった時間とは、年令と同じ分数といわれています。三才の子どもだったら三分間、五才だったら五分間、どこか一定の場所にいなければならないという約束事です。約束事であることが前もって子どもにわかっていなければ、効果を発揮しない方法です。

三才の子どもを、押し入れや暗闇に閉じこめて恐怖を与えるのは体罰ですが、タイムアウトは、恐怖や不安をともなわないのが前提です。一定の時間がたてばもどってこれることを、子どもが知っていることが必要です。それは、子どもにひとりだけの時間を与えることです。ただし、小学低学年以上にタイムアウトを使っても、あまり効果はありません。

8　子どもに選択を求める

五才の子どもが、食事の時間にさわぎだしました。「静かにしなさい」「もう、食べさせませんよ」と大声でどなっても、いっこうに収まりません。そんなときは、こちらから行動の選択肢を二つか三つだして、選ばせます。「あなたはみんなの食事の時間をいやな気分にさせているから、今すぐさわぐのをやめるか、隣の部屋で本を読んでいるか、今すぐベッドに入って今日はもう起きてこないか、この三つのうちどれかを選びなさい」

同じような方法に、数をかぞえるというのがあります。「今から十までかぞえるから、そのあいだに、二人とも喧嘩をつづけるのかやめるのか決めなさい。一、二、三……」

Aさんの中学生の子どもは、夜ふかしのため、朝、起きれません。Aさんは子どもにたのまれているから起こすのですが、子どもは起きないばかりかAさんに怒りだします。こういうケースでは、身体的、精神的な病気がともなわないのでしたら、親は、いつまでも起こす役を引き受けないで、子どもにきっぱりと行動選択を求めていくほうがよいでしょう。たとえば、こんな具合にです。

「もう明日からは起こしません。目覚まし時計をかけて、自分で起きなさい。そうするか、学校に遅刻するかのどちらかだね。起きれないのはあなたの問題だから、自分で責任とってね」

Aさんは、そう宣言して、翌日から起こしませんでした。最初の二日は学校に遅刻。でも、三日目から自分で起きるようになったのです。

9　子どもの発達にあわせる

このことは、幼児の場合、特に必要です。親のストレスが高まらないですむ子どもの生活環境を、あらかじめつくっておくことです。たとえば、子どもがふれて危険な物、こわされたくない物はしまっておく。さわってはいけないと言われていても、そこにあれば、さわったり、あけてみたくなるのが健康な幼児の姿です。

六才ぐらいまでの子どもは、眠くなると泣いたり、さわいだり、かんしゃくをおこしたりするのが自然な反応です。それを、懸命になって言うことをきかせようとしても、こちらのエネルギーを浪費するばかりです。そんなときは、まずは寝かせるようにすることです。

飛行機のなかで赤ちゃんが泣きだしました。抱いてもあやしても、ミルクをあげようとしても泣きやみません。おしめが濡れているわけでもありません。まわりの席の人が迷惑そうな顔をしています。こんなとき、どうしていいかわからず、赤ちゃんを放りだしたくなりますね。

赤ちゃんを連れて旅行するときは、スーパーマーケットで使うビニール袋をひとつ持ってでかけると、いいそうですよ。泣きつづけている赤ちゃんの耳もとで、ビニール袋をクシャクシャともむ音を聞かせていると、泣きやんでしまうことが多いようです。この音の波長が、赤ちゃんの耳には心地よく聞こえるのでしょうか。または、赤ちゃんの泣いている口に、「シー」の合図をするように人さし指を垂直に軽く当てて、「アバババ……」と人さし指を何度も唇にふれていると、急に泣きやんでしまうことがあります。やってみてください。

子どもに手をあげたくなるのは、あなたのストレス度が相当に高まっている状態です。子どもをたたいてしまうのは、子どもの問題というより、あなたの抱えている問題のゆえであることが多いはずです。

10 尊重と愛の燃料を補給する

忙しすぎる、職場の人間関係の確執、家庭のなかの大人どうしの不仲、金銭的な悩み、あなたが子どもの頃から抱えている心の古傷……。あなたのストレスが沸騰点にまで届きそうなときは、子どもがちょっと言うことをきかなかっただけで、あなたの怒りの爆発を引きおこします。でも、そのとき、問題を抱えているのは子どもですか、あなたですか。

あなたのストレス度を軽くするためにできる最も簡単な方法は、誰かに話を聴いてもらうことです。あなたのまわりに、そんな人がいますか。子育てをスムーズにする鍵は、まわりに複数のサポーターをもつことです。今子どもといっしょにいたらダメだと思うとき、一時間でも、子どもを見てくれる人がいますか。悩みや愚痴を聴いてくれる人がいますか。いない人はつくる努力をしてください。電話相談も活用してください。

人に相談し、人の力を借りながら、ストレスの原因になっている問題をひとつひとつ解決していきましょう。いくつもの悩みを同時に抱えているときは、悩みの重さに押しつぶされそうで、無力感にうちひしがれるかもしれません。でも、悩みや問題はきっと解決することができるという、自分への自信を失わないでください。困難な状況にあっても、自分を信頼する心をもちつづけることのできる人は、尊重され、信頼される経験をたくさんしてきた人です。自分を大切に思える人です。
今、自分への信頼の心が弱まっているとしたら、あなたは、人から認められたり、気持ちをわかってもらえたり、ほめられたり、大切にされたりする経験を必要としているのです。わたしは、そのことを「尊重の燃料」とよんでいます。「愛の燃料」と言いかえても同じです。愛の燃料をあなたに注いでくれる人がまわりにいますか？　自分でも自分をほめてあげて、ねぎらってあげて、「尊重の燃料」を補充してください。子どもはどうでしょう。「尊重の燃料」は充分に補給されていますか。

親の回復グループ「MY TREE　ペアレンツ・プログラム」では、「あなたのハートには、今週はどれだけの尊重の燃料がはいっていますか？」という対話を、ペアになってすることがあります。愛と尊重の燃料が少なくなっている人には、グループのみんなで尊重の声をかけて、燃料補給をします。

子ども時代に、親や身近な大人からたっぷり愛情をそそいでもらった人にとっては、その安心の関係の記憶は、たとえ意識して思いだすことはなくても、身体の細胞のひとつひとつにしっかりと刻みこまれ、その後の人生をとおして、自立をもたらす「内からのコントロール」の核心になっていくものです。

これまで述べてきた、「体罰に代わる十のしつけの方法」は、あなたと子どもとの関係が、尊重と信頼による安心な関係からずれてしまわないように、しつけ糸を縫っていく手助けをしてくれるものといえるでしょう。

KC

第六章　体罰と戦争

1　同類間の攻撃行動

わたしたち人間は、他の動物と比べると、同類間の破壊的な行動がきわだって見られる種です。同類間で傷つけあい、殺しあう動物は他にもいますが、人間ほどマス（大量）レベルで同類を攻撃する動物はいません。そのような同類間の攻撃行動のうち、何千年にもわたって止むことなくつづいてきた二つの不名誉な伝統が、体罰と戦争です。

どちらも、それがよくないことだと知ってはいても、やめられません。多くの人が仕方がないことだと黙認します。必要悪と考えている人も多いようです。どちらも、それを行う人は、ほんとうはやりたくないんだと言います。相手が手に負えない悪い子どもだからやむなく体罰をする、相手が悪魔のような者たちだからやむなく空爆する、と言います。

どちらも、大義名分があります。体罰以外に子どもをしつける方法を知らない親や教師は、「子どもをしつけるために、なぐる」「愛しているからこそ、なぐる」と、大義名分をもちだします。戦争においては、「自由を守るという偉大な使命のために攻撃する」と言います。

体罰と戦争のあいだには、共通点がいくつもあります。どちらも、その行動によって死んだり負傷したり、深いトラウマを抱えこむのは、社会的、経済的、体力的に弱い人々です。体罰によって傷つくのは、いうまでもなく子どもです。二十世紀の戦争で殺された一億七八〇万人のいのち、その八〇％が、銃を持つ戦闘員ではなく民間人でした。

2 不安の感情

体罰と戦争。どちらも、不安と怒りという、あつかいのたいへんむずかしい感情をもたらすという共通点もあります。

不安はとても危険な感情です。不安に圧倒されるとき、人はいつもの思考力や価値観をもちつづけるのがむずかしくなります。自分ではそうするつもりがなかった愚かな行動に走るときは、強烈な不安にかられていることが多いのです。その不安が集団的なものであるとき、人は一層理性を失い、予想もしなかった暴力を引きおこしたり、ファシズムのような、強力にして攻撃的な政治権力の登場を熱望します。

二十一世紀こそ、子どもたちが暴力にあうことのない時代にしたい、世界中の子どもたちの人権が尊重される時代にしたいとの願いをこめて、新世紀を歩みだしたその矢先に、アメリカでの同時多発テロ事件がおきました。それをきっかけに、世界中が、戦争という巨大な暴力のもたらす不安にさらされることになりました。以来、人々は大きな不安の黒雲の下で、ため息をついているかのように思えます。

一方、子どもが体罰を受けることで抱く感情は、反省や謝罪の思いではなく、恐怖または強い不安です。そして、体罰を受けた子どものほとんどは、その感情に気づいていないことが多いのです。体罰を受けた子どもが、「ごめんなさい」「もうしません」「自分が悪かったです」と、謝罪を口にするのは、反省しているからではなく、体罰をともかくストップするのに最も効果のありそうな言葉だと知っているからです。

恐怖や不安の感情は、意識され、外へ向けて表現されないと、いつまでもその人の心の奥底にとどまって、行動や思考にゆがみをもたらし、ときには、自分か他者への暴力に転化します。

3　怒りの仮面

体罰と戦争のどちらにも共通する怒りも、またやっかいな感情です。

戦争で自分の同胞が殺されたとなると、人々は激しい怒りと闘志を燃やします。その怒りは、「同胞を守るために」「正義のために」などと大義名分をつけて、人間どうしの破壊行為を正当化します。双方の破壊行為のたびに、怒りは増幅し、通常では考えられないような残虐行為に手を染めることになります。

子どもが言うことをきかないからと、怒って子どもをなぐると、その自分の行為と子どもの反応に刺激を受けて、一層怒りがつのり、その怒りはなぐればなぐるほど増幅し、押さえがきかなくなってしまいます。自分の体罰行為が自分の怒りを増幅するのです。こうして、体罰が深刻な虐待にエスカレートすることがあります。

ところで、体罰を受けた子どもたちと話をすると、多くが「自分が悪かったから、仕方ない」と言います。

「宿題しなかったから、なぐられても仕方ない」と、Aくんは言いました。

「そのとき、どんな気持ちになった?」という私の質問に、彼は「自分が悪かったから、仕方がない」と答えたのです。「誰が悪かったのかたずねているのではなく、そのときのあなたの気持ちがどんなだったかを、知りたいんだけど」と、さらにたずねると、彼はしばらく考えてから、「すごくこわかった。そのあとは、やたらくやしくなった」と言いました。

親や教師から体罰を受けた中学生の十数人に、同じ質問をしたことがあります。共通していた反応のひとつは、Aくんと同じように、その時の自分の気持ちを言葉にするのに、時間がかかったことです。「そのとき、あなたはどんな気持ちだった?」とたずねているのに、返ってくる答えは「先生も一生懸命だったんだ」とか「親も自分のことを心配しているから、たたいたんだと思う」と、自分の感情は置き去りにしていることが多いのです。このことは、子どもが体罰をどのように受けとめたかよりも、体罰が社会でどのように受けとめられているかを、物語っています。

実際は、体罰を受けた子どもは、身体的苦痛以上にさまざまな感情を抱きます。それは、まずは、恐怖感や不安であり、くやしさであり、みじめさであり、さびしさであったりします。しかし、先の中学生たちの反応のように、体罰をする側は正しくてされる側がまちがっている、との受けとめ方が社会に存在するとき、そのような感情はとるに足らないものとして行き場を失い、子どもの身

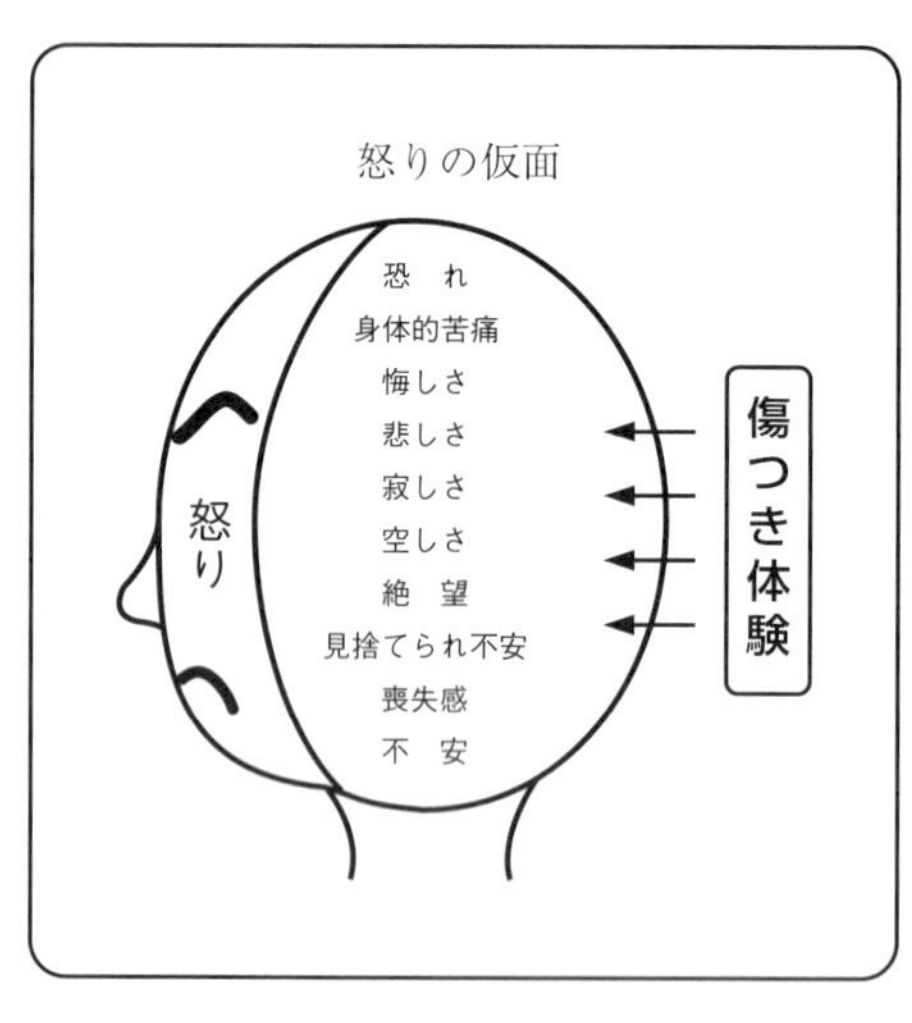

図「癒しのエンパワメント」（森田ゆり 著／築地書館）より

体のなかをさまようしかありません。認められなかった感情、とりわけ、本人自身も認めることのできない感情は、人の心のなかの異物となり、次第に深い怒りの感情に変化していきます。

上の図を見てください。怒りはたいへんに複雑な感情です。わたしは、怒りは「感情の仮面」であることを、多くの人の相談を受けるなかで経験してきました。そして、体罰を受けた子にかぎらず、たいていの場合、体罰をする大人も、また、ＤＶ（ドメスティック・バイオレンス——配偶者や恋人からの暴力）の加害者たちも、暴力をふるう少年少女たちも、ひんぱんにこの怒りの仮面を見せてくれます。今、相手に手をあげたおそろしい顔をした人、その怒りの顔は実は仮面なのです。ですから、一見おそろしい怒りの仮面をちょっとずらして、その裏をのぞいてみると、そこにはさまざまな感情——苦痛、恐怖、くやしさ、さびしさ、絶望、見捨てられ不安などが、入り乱れて混在していることが見えてきます。

4　個人間の暴力と戦争という暴力

さて、ここで、虐待や体罰という個人間の暴力と戦争という政治的な暴力とのあいだには、何かつながりがあるのではないかと考えるのは、むだなことでしょうか。

アメリカは、他国に先がけて、子どもの虐待、ＤＶなど個人間の暴力の問題に早くから取り組み、法を整備し啓発を行ってきましたが、問題の発生件数そのものを、大幅に減少させるにはいたっていません。一方、国家間の政治的暴力については、第二次世界大戦後、世界の軍事的支配国として一貫して、さまざまな小国に軍隊を送り、攻撃行動をつづけてきました。

わたしは、アメリカが子どもと女性への虐待問題に国をあげて取り組んだ一九八〇年代に、その取り組みの一端を、十年にわたって継続的にになった経験から、たくさんのすぐれた実践が積み重ねられてきたことを知っています。それなのに、なぜ、アメリカの個人間の暴力や家庭内暴力の発生件数はあまり減少しないのでしょう。教育、福祉の分野が、いくつもの個人間の暴力や虐待を防止するプログラムを開発し、世界の学会をリードし、具体的なモデルの役割をはたしてきているというのにです。

わたしは、それは、アメリカ政府に代表される大人たちの、軍事力への信奉、武器の力への信仰、他国への軍事介入を当然とするごうまんな姿勢が、社会全体へ暴力を容認する空気をもたらしているからだと思います。体罰であれ、虐待であれ、戦争であれ、暴力による解決は許さないという、人々の強い姿勢が求められているのです。

虐待やＤＶについての対応がはじまったばかりの日本においては、個人間の暴力と戦争という暴力を別のこととせずに、あらゆる暴力を拒否する視点を、しっかりと打ちたてていきたいものです。そして、虐待やＤＶの分野で、非暴力の仕事や活動をする人たちは、戦争という暴力にも問題意識をもち、意見や行動を表明し、個人間の暴力と戦争という暴力の関連性に敏感になってほしいものです。

5　非暴力の伝統を

スウェーデンでは一九七八年に体罰禁止令が制定されました。当時は、七〇％の人々がその法律に反対していましたが、二十年後の今日では一〇％が反対しているに過ぎず、体罰をする習慣とそれを容認する意識を、なくすことに成功しています。

日本でも、民法に定められている親の懲戒権を廃止し、代わりに体罰をなくす法律を制定し、暴力以外の方法で問題の解決をするスキルの習得を、教育、福祉に従事する人たちや親のあいだに広める動きをつくっていかなければなりません。

日本には、戦争という暴力による問題解決を永久に放棄するという、すばらしい憲法があります。欧米の非暴力運動にかかわる人たちは、戦争放棄を宣言している日本の「憲法九条」を、世界の宝とよびます。日本は「憲法九条」の理想主義をかたくなに固持して、国家間の軍事的対立の仲裁役をはたすという、独自の外交政策を積極的に展開する基盤をもつ国です。日本が非暴力の紛争解決の姿勢を貫きとおすという、世界でもユニークな役割を国際政治ではたしていくなら、わたしたちは、どんなにこの国を誇りに思えるでしょうか。

戦争は、他国の「悪」を退治する正義と自由の行動ではなく、戦争の被害を最も受ける市民に対する人権侵害行為です。戦争という暴力に代わる問題解決の方法をつくりだすためにこそ、私たちの税金を使い、テクノロジーを使いたいものです。

体罰は、子どもをしつけるためのやむを得ない方法ではなく、子どもへの人権侵害行為です。体罰を受けることで、子どもは「対立があるときは、なぐって解決してもよい」「腹がたったら、暴力でそれを表現してもよい」ということを、大人から学びつづけています。

「問題があるときは、暴力以外の方法でそれを解決することをすすめる」「子どもに対して腹がたつことがあったら、暴力以外の方法でその怒りに対処する」という、しつけの原則を広めていかなければなりません。

第七章　子育ての迷い／こんなときどうしたらいい？

子育てに、迷いはつきものです。

五才の子の指しゃぶりをやめさせたほうがよいのか。子どもが学校に行きたくないというが、無理してでも行かせるのがよいのか、など。子育ては、気長に見守る必要もあれば、待ったなしの対応を迫られることもあります。迷わないで子育てしている親がいたら、むしろ心配になります。迷いつつの子育てがベストなのではないでしょうか。

この章では、わたしがよく相談を受ける親の迷いや悩みを取りあげました。わたしの助言が、あなたの考え方や行動選択に少しでも役にたてればうれしいです。けれども、あなた自身の内にも、たくさんの知恵があることを思いおこしてください。常識や、カンや、子どもの頃の記憶や、今までの人生経験で得たことや、やさしさや、希望や、しあわせを願う心などの、たくさんの知恵です。子育てに迷ったときは、人に相談することも必要ですが、ときには大きく深呼吸をして、静かに自分の内に目を向けることも大切です。おだやかな自然のなかに身を置いて、耳をすませてください。いのちあふれる木の幹に手をふれてみてください。自然はあなたの内に眠っている知恵を揺り動かし、あなたの内なる力に気づかせてくれるでしょう。

1　子どもが物を盗んだとき

Aさん（三十代　男性）の息子Bくん（八才）は、ポケモンカードや遊戯王カードの収集に熱中していました。Aさん夫婦は学級担任からの連絡で、Bくんが友人のカードを盗んだこと、加えて学校に納めるはずのお金を、カードを買うために使いこんでいたことを知らされました。Aさんにとってはショックでした。わが子がそんな恥ずかしいことをするなんて、許せない思いでした。ここできびしく対処しておかないと、今後、たいへんなことになると思いました。

どんな罰を課すのか考えてはいなかったのですが、その夜、妻といっしょに、なぜそんなことをしたのかとBくんを問いただしたとき、反省しているようすのない息子が情けなくて、むしょうに腹がたってきて、Bくんを五回ほど思いっきりなぐってしまいました。五回目でBくんは倒れてしまい、妻が悲鳴をあげてBくんにかけよったので、Aさんはなぐるのをやめました。

Aさんの親としての情けなさや腹だちの感情は、誰もが共感できるでしょう。そんな気持ちになるのは当然のことです。でも、その気持ちを、なぐるという行為で表したことはどうだったのでしょう。なぐるという体罰の方法は、Bくんのしつけに効果的だったのでしょうか？　Bくんはこれにこりて、もう二度と人の物を盗むことはしないのでしょうか？

第二章の「体罰の六つの問題性」で述べたことを思いだしてほしいのですが、ここでのAさんの対応には、いくつかの問題点があります。

第一の問題点は、Ａさんが自分の怒りの感情を、ストレートに暴力で子どもに向けてしまったことです。子どもがそのとき親から学ぶことがあるとすれば、腹がたったら暴力でそれを表現してもよいという教訓です。しつけのためになぐったんだなどと、自分の気持ちをごまかさないでください。押さえきれないほどの感情をもつのは、いけないことでもなんでもなく、親として当然です。その感情を、Ａさんはなぐることで放出したのです。

ここで親がすべきことは、親の気持ちを、暴力ではなく、別の方法で子どもに伝えることです。信頼している子どもが盗みをしたので、親としては情けなくて、腹がたって仕方ないのだという気持ちが、息子に伝わらなければなりません。それが伝わったときはじめて、子どもは親に対して申しわけなく思い、親から「人の物を盗んではいけない」という教えを学ぶのです。

第二の問題点は、Ａさんがここで用いたしつけは、恐怖で子どもの行動をコントロールしようとする方法だったことです。身体的な痛みは、恐怖の感情に直結しています。なぐられて痛みを感じたことで、その後、ＢくんはＡさんを恐れて、Ａさんの前ではよい子をふるまうかもしれません。でも、恐怖で外から行動をコントロールしているかぎり、子どもが自分で考えて行動するという、自立の内的コントロールにはならないのです。

第三の問題点は、「なぜ？」「どうして？」と、問いつめようとしたことです。

Ａさんの妻はＢくんに、「どうして、人の物を盗んだりしたのよ？」「なんで、そんなばかなことしたのか言いなさい」と、つめよりました。でも、「どうして？」「なぜ？」と言われても、おそらくBくんには答えようがないでしょう。もちろん、カードがほしかったからなのですが、それまで、人の物を盗んだことのなかった子がそうしたのだとしたら、カードがほしいだけでは説明しきれない、何かがあったと考えてよいでしょう。さまざまな感情や状況がからみあったなかで、おきたことだったはずです。

「どうして？」「なぜ？」と問いつめるのではなく、「何をしたかったのか」をたずねてください。友人のカードを盗むことで何をしたかったのか。友人を困らせたかったのか、カード収集競争で一番になりたかったのか。そうたずねることで、子どもは自分の気持ちと向きあうことができます。くやしさ、うらやましさ、みじめさ、仲間の注目をあびたい気持ち……。Bくんは、カードを盗むにいたった自分の気持ちを言葉にし、それを人に受けとめてもらうことで、盗んだ原因そのものを克服できるかもしれません。

2　子どもがうそをついたとき

子どものうそに対しては、あまり潔癖主義にならず、きつくとがめずに寛大に対処するほうがよいでしょう。

多くの場合、子どものうそは親の注目を得ようとするためです。ですから、ひとつひとつきびしくしかっていると、しかられるという形でさらに親の注目を得ようとして、うそをつくのが常習的になってしまうことがあります。

または、子どもが直面している問題の解決の安易な手段として、うそをつくこともあるでしょう。たとえば「耳が痛くてお風呂にはいれないよ」と言って、お風呂にはいらなくてもよいようにする。「きょうは宿題が多すぎて、お皿洗いの当番ができない」と、うそを言う。こういうときは、過度に反応しないのが賢明なので、「耳が痛くてもお風呂にはいれる方法を教えてあげるから、だいじょうぶよ」「宿題の量にかかわらず、当番はやらなきゃならないのを知っているでしょ」などと、軽く受け流してしまいます。ただし、さりげなく、それがうそだと知っていることを伝えておくのは必要です。「お風呂にはいりたくないから、耳が痛くなったのかな?」「宿題やりたくないから、ドリルブックがどこかへいってしまったんだよね」

子どもがティーン・エイジャーの場合は、親の価値観を知ってもらう機会として、「うそって、一度つくと、もっとつかなきゃならなくなるんだよね」「うそをつくと、あとで後悔することが多いよ」などと、説教調ではなく、短く、人生の先輩の知恵として伝えるのがよいでしょう。

3　子どもがいじめられて帰ってきたとき

　Cさん（四十代の女性）の息子Dくんは、十二才です。ある日、帰宅したとき、Dくんのようすは明らかに変でした。いじめられたのにちがいないと思いました。Cさんは「どうしたの？　何か学校であったの？」と、たずねました。

　ところで、もし読者のあなたがDくんだったら、いじめられて帰ってきて、親に「どうしたの？　何があったの？」と、たずねられたら、どう答えるでしょうか。小学高学年以上の子どもだったら、「どうしたの？」「何かあったの？」などの大人の質問には、「べつに」「なんでもないよ」という反応を返すのがほとんどです。親は、「べつに」と言って黙ってしまう子どもに、それ以上何を言えばよいかわかりません。子どもとの会話はそれで終わってしまいます。

　一方、子どもも、誰かにわかってもらいたい気持ちを心の底にもちながら、大人からの適切な言葉かけがないので、黙ってしまいます。こんなときは、「どうしたの？」ではなく、もっと直接に「誰かから、何かいやなことをされたの？」と、たずねるほうが、子どもはずっと話しやすくなります。

　では、子どもが口を開いて、「いじめられた」と言ったとしましょう。そのとき、あなたはどんな言葉を子どもにかけるでしょうか？

　「お金を要求されたって？　どうして、はっきり断らないの？」「なぜ、いやだって、言わないの？」「なぜ、今まで黙っていたの？」……。このような言葉かけは禁句です。「なぜ？」とたずねられて、親にわかるように答えられるわけがありません。答えるには複雑すぎる質問だからです。「なぜ?」や「どうして?」ではじまる質問は、しないほうがよいことが多いのです。その質問をしなければならないときもあるのですが、たいていの場合は、「なぜ?」ではじまる質問は、相手を批判し、責める言葉と受けとめられてしまいます。

「どうして、はっきり断らないの?」と言われた子どもは、「はっきり断らない自分の弱さが問題だ」と受けとめます。「いやだ、と言えない自分が悪い」と受けとめます。自分が悪いと思うと、人はそのことについて語ることができなくなります。いじめられたり、暴力を受けた人にとって、なによりも必要なことは、その気持ちを誰かに語り、受けとめてもらうことです。気持ちを受けとめて聴いてくれる大人がいるかどうかは、その後の、その人の心の傷の回復に大きなちがいをもたらします。

子どもがいじめられたとき、親や教師であるあなたがまず最初にしてあげることは、子どもの気持ちを聴いてあげることです。「聴く」というのは「たずねる」のではありませんから、まちがえないように。誰が、何を、どうしたか、どっちが先に手をだしたか、などをたずねるのは、その後、必要になったらすればよいことです。事実関係をたずねるのではなく、子どもの気持ちを聴くのです。そして、その気持ちを受けとめてあげてください。同情や同感するのではなく、ただ受けとめればよいのです。ですから、「聞く」ではなく「聴く」です。「聴」の字のように、耳と十四の心をもって相手の十四の心を聴いてください。

他の子をいじめたり、なぐったりした子に対しても、「やめろって言ったのに、どうして聞けないんだ」と、きびしくしかって体罰をするよりも、なぐったときの自分の気持ちに気づかせ、その気持ちを語らせるほうが、いじめや暴力をやめる可能性が高くなります。

気持ちが充分に語られ、それが受け入れられたら、次に、今度、同じようなことがあったらどうしたらよいのか、行動の選択肢を子どもに考えさせます。「今度、いじめられそうになったらどうしたらいいかな?」「やめて!って、思いきって言うのもいいかもしれないよ」「ひとりで、やめてって言えなかったら、誰かいっしょに言ってくれる人はいない?」「今度、いじめたくなったときは、どうしたらいいだろうね」「腹がたって妹をなぐりそうになったら、すぐにそこをはなれたらいいんじゃないかな」などと、かわりの行動の例を示しながら、自分にも何かできることがある、と子どもの無力感をふり払う援助をします。

これが、問題解決力をつけるためのステップです。気持ちを率直に表現すること、泣いたり、怒ったり、笑ったりの感情を言葉にして、誰かに受けとめてもらうこと。そのうえで、これからの行動の選択を考える。どんなに小さなことでも、子どもが自分で選んで自分の意志で行動することが大切です。しつけの大きな目的は、この問題解決力を身につけさせることですから。

私の助言を実際にやってみて、子どもの大きな変化を見た親からの報告です。

「小四の帰国子女。英語をやたらに使うといって、いじめを受けていました。親として、ここ(講座)で学んだことを自分の子どもへも伝えているうちに、子どもが『わたしはこのままでいいんだ』と思えるようになって、元気になりました。子どもって強い力をもっていると感心しました」

4 子どもが性被害にあったことを告げたとき

Eさんは十才の娘から意外な訴えを聞き、とても動揺しました。娘が、夫の父から性的ないやなことを何度もされてきたというのです。夫の父はまじめに仕事を勤めあげ、退職した今は町内会の役員をはじめとする、いくつものボランティアの役職を引き受けている人です。

「何をばかなこと言ってるの。おじいちゃんはそんなことする人じゃありませんよ」と、言いたかったそうです。「夢でもみたのだろうか。それとも、変な少女漫画の影響だろうか」とも思いました。でも、そのいずれも口にしなかったことを、ほんとうによかったと、Eさんは今思っています。

子どもが性被害を告げたときは、まずは、それを信じるという姿勢をとってください。なぜなら、「性被害なんか受けていない」と、うそを言う子どもはたくさんいますが、「性被害を受けた」と、うそを言う子どもはめったにいないからです。

あなたが子どもを信じて、子どもの話をしっかり聴こうとするか、それとも、子どもの口を封じてしまおうとするか、どちらを選ぶかで、その子のその後の人生の幸福度は大きくちがってくることを、知っておいてください。

わたしは長年、子ども時代に性被害を受けて、その心理的外傷（トラウマ）に苦しんできた大人たちの心理セラピーをしています。この人たちのトラウマは、性被害そのものだけでなく、被害を訴えたのに信じてくれなかった親、自分を守ってくれなかった親への、抑圧された怒りからくることがよくあります。子どもへの性虐待の深刻さは、人格形成期にある子どもにとって、人格の核心ともなる人への信頼の心を打ち砕くことにあります。人を信頼することへの恐れと疑いは、自分への不信として、子どもの自尊の心をゆがめ、そのゆがみが一層のトラウマを増幅します。

性虐待とは、このように残酷性に満ちた行為です。それは、被害者の内面をいつまでも侵蝕しつづけ、生きる力のみなもとを破壊しようとします。にもかかわらず、加害行為をした側には、罪意識がいたって低いのです。まわりも「犬にかまれたと思って忘れなさい」「悪い夢だったんじゃないの」「男ってそんなこともするものよ」と軽くあしらい、性被害がその人の人生に及ぼす深刻な影響に気がついていません。

たとえ、子どもが性被害を受けても、その子を信じ、支えてくれる大人が一人でもいれば、心理的ダメージは小さくおさえることができます。あなたには、その役割をはたす大人になってほしいのです。性虐待による心の傷を最小限にとどめるには、できるだけ早くに誰かがその子の話をしっかりと聴き、子どもの混乱し錯綜する気持ちを、言葉や絵にして語らせてあげることです。

では、どのように話を聴けばよいのでしょうか。それはそんなに、むずかしいことではありません。次に、そのポイントを箇条書きにしました。（もっとくわしく知りたい人は、拙著『子どもと暴力―子どもたちと語るために』（岩波書店）、『新版　子どもの虐待』（岩波ブックレット）、『癒しのエンパワメント――性虐待からの回復ガイド』（築地書館）などを参照してください。）

＊共感をもって子どもの話を聴きます。そのためには、「よく話してくれたね」「話してくれてありがとう」などの言葉をかけてください。

*事実関係を問いつめることに熱心になるより、今どんな気持ちでいるかを聴くことに、力を注いでください。

*「あなたを信じるよ」と、子どもに伝えてください。性被害を受けた子どもは、誰にも信じてもらえないと思っています。たとえ、子どもの話に矛盾があったり、うその部分があると思われても、「信じるよ」と伝えてください。

あなたの役割は事実関係を解明するのではなく、子どもをサポートし、被害の後遺症を最小限にし、再び被害を受けないようにすることです。

*「あなたが悪いんじゃない」と、子どもに伝えてください。被害を受けた子どもは、自分が悪かったと思いこんでいます。このひとことをあなたから聞くだけで、固く閉じた心を一気に開く子どもが多いのです。

*「なぜ、そこへ行ったの?」「どうして、はっきり、いやって言わなかったの?」「どうして、もっと早く言わないの?」など、「なぜ」「どうして」ではじまる聴き方はよくありません。多くの場合、自分が責められていると子どもは受けとめ、話をしなくなってしまいます。

*どうしたら二度と被害を受けないですむか、何ができるかを、子どもといっしょに考えます。あなたは大人として何ができるか。再び被害を受けそうになったら、子どもはどうしたらよいのかを話しあいます。

子どもの性被害の事実に直面するには勇気がいります。でも、あなたが真剣に子どもを守ろうとしているその姿を見るだけで、子どもの心の傷はずいぶんと癒されるのです。

ある親からの報告です。

「家族ぐるみでつきあっていた友人から受けていた性被害を、子どもは私にうちあけてくれました。わたしは、身体がふるえてショックでした。彼女を抱きしめてともに泣きました。紹介された本を必死で読み返し、解決しました。大人として勇気をもつことができました」

5　多動な子どもの内的コントロールを育てるには

Ｆさんには、五才の息子と三才の娘がいます。上の子は赤ちゃんのときから寝つきが悪く、夜泣きも多く、いつも機嫌が悪くて泣いてばかりいる、むずかしい子でした。四才の頃から、多動の傾向が顕著に見られるようになりました。短時間のあいだに遊びの対象が目まぐるしく変わり、ひとつのことに一分以上は興味を持続することができません。すぐにかんしゃくをおこして、物を投げたりこわしたりします。幼稚園でも、他の子どもを意味なく突きとばしたり、おもちゃを取りあげたりするので、嫌われ者でした。他の親からは、Ｆさんの子どもとは遊ばせたくないと言われました。どんなにしかって制止しても、妹をぶつことをやめません。言葉でしかっても直らないので、Ｆさんは大声でどなったり、たたいておとなしくさせたりしてきました。でも、このままいくと体罰がエスカレートしてたいへんなことになると、不安になってきました。

「あの子がお友達と遊んでいると、お友達をけがさせてしまわないかと心配で、居ても立ってもいられません。歯磨きも、着替えも、自分ひとりでやりとおすことができないので、つい大きな声でしかってしまうと、彼はますます困らせるようなことをします。ほんとうに、毎日が嵐のようです。夫は仕事が忙しくて、子どものことはすべてわたしにまかせっきりです。母にあずかってもらって半日だけでも彼がいないと、心から安堵します。あの子がいなかったらどんなに楽だろうと、ひどいことを考えたりしてしまいます。

母からは、しつけ方が悪かったから、あまやかしたから、すぐにかんしゃくをおこすのだと責められます。母も、上の子をあずかるのはいやだと言います。幼稚園の先生からもいやがられています。幼稚園の送り迎えがつらいです。先生からも他の親からも、息子が冷たい目で見られているような気がします。そして、わたしには、歯磨きひとつ、しつけられないだめな親という目が向けられている気がしてなりません。かわいい自分の子なのに、同時に大嫌いです。彼が生まれる前までに時計をもどして、もう一度やり直せたらと思ってしまうんです」

Ｆさんがこんな絶望的な思いから脱出できたのは、医療機関に相談に行き、息子がＡＤＨＤ（注意力欠陥・多動性障害）の診断を受けてからでした。息子の行動は親の育て方が悪かったからではなく、また、息子が悪い子だからでもなく、生まれながらの脳神経のちょっとした異変によることがわかったときは、今までひとりで悩み苦しんでいたことが、一気にせきを切ったように流れだし、声をあげて泣いたそうです。

子どもが極端に多動だ、衝動性が強い、注意を維持することができない、などの傾向が見られる場合は、まず医療機関に相談してください。納得する対応を得られないときは、あきらめずに他の医療機関に行ってください。医療機関では診断を得るだけではなく、子どもにどう対応したらよいのかを相談してください。地域に、同じようなことで悩む親のサポート組織があるかどうかを、たずねてください。

同じような経験をしてきた親たちの話を聞いたり、本を読んだりして、対応のスキルを学び、アイディアをたくさん知り、自分を責めずに、子どもとつきあいつづけてください。

学校、保育園、幼稚園の先生たちにも、子どもの障害を伝え、対応の仕方の具体的な協力を求めましょう。その具体的なアイディアは、親の会などに参加するとたくさん学べます。たとえば、ADHDの子どもは、外からのさまざまな刺激を、どれもこれも受け入れて反応してしまうので、教室ではいちばん前の真んなかの席にしてもらうと、注意が拡散しないで先生の指示に集中しやすくなります。こんなちょっとした対応で、子どもは意外に大きな変化をもたらします。

ADHDにかぎらず、多動な子どもに対応するときの、最悪の対応法は体罰です。どなったり、おどしたりするのも、逆効果をもたらすだけです。彼らはこわかったり、不安になったり、いらだったり、あせったりすると、自己のコントロールが一層できなくなってしまいます。

衝動性の強い子どもが、他の子にちょっかいをだして泣かせたとき、妹の物を次々とこわすとき、歯磨きをどうしても拒否するときなど、どなってしかったり、体罰で制止する以外にどんな対応があるのでしょう。

前述の「子どもとの良い関係をつくる十の方法」と「体罰に代わる十のしつけの方法」が、特別なニーズのある子どもの場合でも、子育ての基本です。加えて次のような方法も試してください。

＊子どもがかんしゃくをおこしたら、無視します。意地悪く無視するのではなく、すぐに気持ちが収まるからだいじょうぶだよ、と言っているかのように無視します。

＊かんしゃくが収まったら、どんな気持ちで、どうしたかったのかと聞き、気持ちを語らせてあげます。「そうか、そんなにいらいらしてしまったのか」と、気持ちを認めてあげます。気持ちを認めてあげることは「そうか、かわいそうにな」と同情したり、「そうね、お母さんもあの子はきらいよ」と同感したりすることではありません。（第五章の3を参照）

＊ＡＤＨＤの子どもにかぎらず、衝動を抑えるのがむずかしい子、頭ではわかっているのにささいなことですぐに感情が爆発して攻撃的になってしまう子には、自分を客観視するもうひとりの自分との対話をすすめてください。

「あなたのなかには目に見えないお友達がいて、あなたが腹がたってしょうがないときになだめてくれたり、悲しいときに声をかけてくれるんだよ。その友達、なんていう名前かな」

「フワフワにしようかな」

「いい名前だね。心の友達のフワフワは、今なんて言ってるの？」「こんにちはって」

「それから？」「ぼくも、いっしょうけんめいよくやっているってさ」

これは、Fさんと五才の息子との会話です。

心の友達をもとうという提案を、すんなり受け入れてくれる子は少なくありません。これは、自分の内面での対話をうながしているわけですが、心の友達がポジティブなことを言えるためには、親や教師や保育士などまわりの大人が、子どもに自信をもたせるような声かけをたくさんしている必要があります。


「ほんとうに、よくやったよ」

「がんばっているの、知っているよ」

「きっと、がまんできるよ」

「待てる、待てる。ちょっとぐらい待つのはできるよ」

「一から五まで数をかぞえよう。そしたら、怒った気持ちが消えちゃうよ」

「息をいっぱい吸って、はいて。ほら、もうだいじょうぶ」

「おかあさんは、あなたのことが大好きなんだ」

「ほかの子にできて、あなたにはできないことがあってもいいんだよ」


こうした声かけを受けているると、子どもはそういうことを、自分で自分に言いきかせていくようになります。

虐待や体罰を受けた子どものなかに、多動性、衝動性、注意力の弱さなどの症状を示す子どもに出あうことがあります。彼らにも、ここにあげた例を参考にして、自分を客観視する内なる声との対話をすすめてください。

＊できないことをしかるより、できたことをほめます。（第四章の4を参照）

＊その日の、あるいはその時間の目標をカードに書いて壁に貼ります。たとえば歯を磨く、服を自分で着る、宿題をする、妹に手をだしそうになるのをこらえる、物を投げないなど。目標が達成できたら、シールをそのカードに貼ります。シールが増えていくのがうれしくて励みになり、効果が高い方法です。

＊カードを使うなどの行動の枠組みとともに、時間を細かく区切ることも効果的です。タイマーを活用しましょう。子どもが自分でタイマーを使って、自分の行動を制限していくことも期待できます。

＊時には、親が子どもから離れて自分のための時間をもつことが大切です。そのためには家族や友人の協力が必要です。「子どものために」がすべてになってしまうと、息切れがしてきます。

＊ＡＤＤ、ＡＤＨＤやＬＤ（学習障害）、自閉症などの子どもの親のためのサポート団体は、ネット上のホームページで有用な情報を提供しています。

＊担任の教師や保育士には、自分の子どもの特別なニーズについての理解をしてもらい、さらに、教え方の方法やアイディアを学んでもらいましょう。

6 中学生になり急に反抗的に

G子さんの教育方針は、一人息子のHくん（十三才）を「自立した子に育てる」でした。しっかりした子、はきはきと自分の考えを表明する子、自分ですべきことはなんでもできる子。ですから、小さいときから、母親にあまえたそうなときはあえて突き放し、なにかにつけて、「もっと、はっきりしなさい」「もっと、しっかりしなくてはだめよ」と、言いつづけてきました。

小学校のあいだは、HくんはG子さんの期待したように、ほめられていました。成績もよく、学級委員をつとめ、先生からも「ほんとうにしっかりした子です」と、ほめられていました。ところが中学に入って、Hくんのようすが変わりました。学校でみなをひきいるリーダー的態度は見せなくなり、口数も少なくなり、そのうちに不登校がはじまりました。いくら問いただしても、Hくんは何も話そうとはしません。いじめがあったわけではないようです。では、いったいどうしたのか、原因がわからず、さらに、今後どうしたらよいのかもわからず、G子さんは悩んでいました。

「Hくんを自立した人に育てたいと思った動機は、なんですか？」

とのわたしの質問に、G子さんは少しのあいだ考えていました。それから、おもむろに言いました。

「そういえば、あの子を自立した子に育てなければという思いは、夫への不満からでたものです。わたしの夫は気が弱く、人前で話すときも自信なさそうに細々と話すんです。しっかりしてないんですね。男らしくないんですよ。これもきっと、小さいとき母親からかわいがられすぎて、母親離れができなかったからだと思いました。精神的に自立できてないんです。息子には夫のような性格になってもらいたくないと、今も思っています」

Hくんは担任の先生に、ひとことだけ「もう、お母さんの言いなりになるのはいやだ」と言ったことがあるそうです。赤ちゃんのときから十余年間、Hくんは、母親の期待に応えようと努力をして生きてきました。けれど、思春期初期の自我の芽ばえと同時に、Hくんは母親の期待にそうために生きるのではなく、自分のために生きたいと思ったのではないでしょうか。

G子さんがそのことに気がつき、不登校は、Hくんがはじめて自分のために生きようとしている模索の一プロセスだと、受けとめることを願っています。そして、まわりの誰かがHくんに、「そう、今の君の生き方はOKだよ。不登校も、誰かに言われたからやっているんじゃなくて、君が自分で選んだことだものね」と、言ってあげることが必要です。そうすると、Hくんは、自分の内にかたくなに閉じこもっている今の時期を終えて、次の段階へと成長をとげていくことでしょう。

きびしくしつけることが自立をうながす、と思っていたことがG子さんの過ちでした。自立した人間に育つための最初の重要なステップは、親や身近な大人から無条件で受け入れられ、無条件で大切にされる体験です。大人のよろこぶことをしたからほめてもらえるのではなく、何をしなくても、ただそこにあなたがいるからうれしい、と思ってくれる大人との交流です。この体験のことを、わたしは「深い安心の記憶」とよんでいます。

あなたの「深い安心の記憶」は、どんな場面でしょうか。子ども時代のあなたが心から安心していたなあと思う場面を、記憶のなかにさがしてください。縁側の日だまりで母親のひざに顔をうずめていたときでしょうか。ころんでけがをして父親におんぶしてもらったときでしょうか。いずれにせよ、あなたがいい子だからではなく、他の子よりすぐれているからではなく、親のよろこぶことをしたからではなく、ただ、あなたがあなたであるがゆえに大切にされた経験の記憶です。そんな場面をはっきり思いだすことができないにしても、幼少時のこのような安心の体験は、あなたの無意識の記憶に刻みこまれているはずなのです。

自立とは「自ら立つ」と書きます。自ら立つためには立つ基盤が必要です。揺れ動く不安定な基盤ではなく、少々のことでは動かないどっしりとした基盤が必要です。幼少時の安心の記憶、すなわち「基本的信頼」とは、その基盤のことです。ただし、子どもを無条件で受け入れるとは、子どもの言うことすることをすべて認めて、子どもの言いなりになることではありません。子どもは枠組みや制限も必要としていることが、次の例からもわかると思います。

7　中学生が親に暴力をふるうとき

　中学二年生のＩくんの両親は、型を重視するしつけをしてきました。六才から剣道を習わせたのも、姿勢はもとより、立居振舞い（たちいふるまい）がきびきびとできるようになることを願ってでした。型がしっかりしていれば、内容もおのずとともなうと考えていました。

　Ｉくんは剣道が好きになれませんでした。剣道の先生が、他の子に体罰まがいの練習を強要するのを見るのがいやでした。子どもどうしの人間関係もいやでした。けれど、親をよろこばせたい、親の期待する子でありたいとの思いから、剣道をつづけました。

　剣道の上達は早く、剣道場での礼儀作法や姿勢は板についたものでした。だからといって、彼の日常での姿勢や礼儀作法がいいかというと、そうでもありませんでした。多くのティーン・エイジャーと同じように、足を投げだしてテレビを見、家ではごろごろと寝ころがっていることが多く、学校でも姿勢がとりわけよいほうでもありません。でも、大人に対しては、はきはきしたあいさつと応答をするので、教師や近所の大人からの評判はよかったそうです。

　中学二年生のときに、Ｉくんの親への反抗がはじまりました。それはまず、剣道をやめることでした。学校もよくさぼるようになりました。さらに、デパートやコンビニで万引きをするようになりました。それを体罰で押さえこもうとしているうちに、彼の反抗は母親に暴力をふるうことへと、エスカレートしていきました。折から、マスコミでは「キレる中学生」「おそるべき十四才」などの言葉がとびかっていて、親は、自分の子どもがとんでもない事件をおこしたらどうしようと、大きな不安を抱えていました。

このようなとき、親はどう対応したらよいのでしょうか。

まず、親はIくんの暴力を受け入れたり、がまんしたりしてはいけません。ということは、いうまでもなく、親も体罰という暴力をもってIくんの言動に対処するわけにはいきません。子どもの暴力を、たいしたことではないと思おうとしてはいけません。親に暴力をふるうとは、重大なことで認められない行動であることを、聞いていようがいまいが、あなたの価値観として言葉でしっかりと伝えてください。それはあなたの揺るがすことのできない信念であり、子どもがどんなに押しても動かない壁であると思わせてください。第五章の「ルールを決めておく」「特権を時間をかぎって取りあげる」などを参考にして対応します。

実は、Iくんの家庭に最初から欠けていたのは、言葉によるコミュニケーションでした。親と子のコミュニケーションだけでなく、夫婦間の言葉をとおしてのコミュニケーションも少ない家庭でした。母親は以前から、Iくんが剣道をいやがっているのを知っていたのに、そのことを夫に話したことは一度もありませんでした。話しても、夫は「つづけさせろ」と言うにちがいないと思ったからです。Iくんのほうも、「どうせ、言ってもわかってもらえないと思ったから」と、親に言えないできたことをたくさん抱えていました。

しつけの本来の目的である「自分で考え、自分で選択し、自分を律することができる」ように、子どもをおおまかにガイドするために、前提として必要なことは、子どもとのあいだで、日頃から言葉と気持ちのキャッチボールがあることです。

Ｉくんが親に「剣道はやめたい」と言う。親は「市の大会に出場できるくらいじょうずになったのに、もったいない。なぜ、やめたいのか？」と言う。Ｉくんは「実は先生がすぐに腹をたてて、怒りだすと、剣道のへたなやつらをなぐったり、けったりする。ぼくはなぐられないので、なぐられるやつらからのけものにされている。それがいやだ」

こんな会話が成りたたなかったのは、「言ってもどうせ頭ごなしに、つづけろと言われるだけだ」と、Ｉくんが思うような関係しか、親がＩくんとのあいだにつくってこなかったからでした。

もし、言葉によるコミュニケーションができていたら、親は、Ｉくんが剣道を習うことで何を得てほしかったのかを、Ｉくんに伝えることもできたでしょう。Ｉくんはその親の考えに同意はしないかもしれないけれど、少なくとも、親の自分に対する願いと、親が何に価値をおいているのかを知ることはできたでしょう。思春期の子どもは、親との言葉によるコミュニケーションのなかで、自分の気持ちや考えを言葉にし、それを聴いてもらうことで自信を得、同時に、親の考えを聞くことで親を理解しようとします。ティーン・エイジャーのしつけとは、このような対話のプロセスのことです。話しあいの結果、剣道をやめる、やめないはそんなに重要なことではありません。重要なのは、親と子が話しあえる関係をもつことです。

わたしは、Ｉくんと二人だけで話しあったあと、Ｉくんの両親と次のようなことを話しあい、これからの親子関係のあり方をいっしょに考えました。

＊マスコミの書きたてる「おそるべき中学生」の不安にのせられない。自分の目の前の子どもをしっかり見て、対話する。

＊礼儀作法やマナーを身につけさせようとするのは、親としてあたりまえのことで、それを子どもに教えることは大切だ。ただ、それらはしつけの第一の目的ではない。

＊しつけの第一目的は、子どもが自分で考え、その考えを語ることができ、自分の選択に責任をとっていくようにガイドすること。

＊そのために大切なことは、家庭内で言葉と気持ちの交流、コミュニケーションをもつこと。

＊思春期になって、「自分とは何か」「なぜ、自分は生きているのか」と悩むころになると、親の期待にそうように強いられてきた子どもは、反抗をはじめたり、自分への自信を失ってしまうことが多い。

＊Ｉくんの一連の反抗を否定的に見ないほうがよい。反抗を行動に示すようになったことは、思春期の子どもが成長をとげている印だといえる。親の期待に反抗してでも自分をつくろうとしているのだから、表面的にはどう見えても、健康な自我の発達をしていると思ってよい。

ここで重要なのは、その反抗の行動にどう対応するかということです。

一、暴力は決して許さないという、親の姿勢をしっかり伝える。

一、次に、万引きについて。

親がIくんをなぐってもどやしつけても、万引きが最低な行為であることを何百回説教しても、Iくんが万引きをしたほんとうの動機が親にわかっていなければ、Iくんはまた、万引きをくり返すにちがいない。Iくんは、なぜ万引きをしたのだろう。「お金がなかったから」と、Iくんは親に言ったそうですが、もちろん、それは彼のほんとうの理由ではありません。ほんとうの理由は、きっと、注目してほしいからです。親に気にかけてほしい、親にほんとうの自分を理解してほしいからです。親はそのことを理解したうえで、Iくんと、万引きについて率直な対話をもつ必要があります。

そのとき、親としてIくんの行動にどんなにがっかりしたか、どんなに腹だちを感じているかを伝えることは必要でしょう。（第五章の「こちらの気持ちを言葉で伝える」を参照）ただし、それ以上に必要なのは、今まで、充分な家族どうしの会話のある場をつくってこなかったことを、親として謝ることです。そこから、新たな親と子のコミュニケーションの道がはじまります。

8 子どもに体罰をくり返す自分を変えたい／「MY TREE ペアレンツ・プログラム」

「逆効果だとわかっているのに、子どもをたたいたり、ひどいことを言ったりしてしまいます。このままでは、虐待してしまうのではないかと不安になります」

各地の子ども虐待電話相談には、このような親からの訴えがひんぱんにはいってきます。もし、あなたもそのひとりだとするなら、わたしは次のことを助言します。

体罰をしてしまうのは自分（大人の側）の問題だと気がついているあなたは、子どもとの良い関係をつくっていく道すじを、すでに半分は歩いてきた人です。残りの半分は、独り（ひと）で歩くのではなく、同じ悩みをもつ人といっしょに進むのはいかがですか。

わたしは、虐待や体罰をしている親の回復支援グループ「MY TREE ペアレンツ・プログラム」を開発し、二〇〇一年から実施しています。このグループに参加する人々は、自分の経験や気持ちを人に語ったら、ばかにされる、批判される、と思っていることが多く、また、実際に批判される経験をした人も少なくありません。

誰からも受けとめられないために、自分でも受容できなくなった自分のストーリーこそが、語られなければなりません。自分と他の人の語るストーリーの共通点やちがいを見いだし、自分の痛みに共感してくれる人と出あい、他者の痛みに涙することで、孤立感は連帯感にとってかわられます。グループに参加する人の多くは、八方ふさがりの状態で、もはや選択肢はないと思っています。

グループ・ミーティングは、そんな状態から脱けだそうとする内的な力を揺りおこすのです。グループ間でおきるエンパワメントです。

「MY TREE ペアレンツ・プログラム」が対象とする虐待をした親、虐待ハイリスクの親たちの多くは、少なくとも、次の四つの苦しさを抱えています。

1　低い自尊感情

自分は価値のない存在、つまらない存在だと思っています。グループ・ミーティングは、自分の話に参加者全員がしっかりと耳を傾けてくれること、そして、他の人の話を傾聴することで、自分の大切さを認めていく効果があります。

2　孤立感と疎外感

こんなダメな親、ささいなことで悩んでいるのは自分だけだ。このような孤立感に対して、グループの場は所属感をもたらします。「ここに私の場がある。ありのままの自分を受け入れてくれる人たちがいる」という気持ちになることで、孤立感が減少します。

3　恥、罪悪感

虐待や暴力の被害者の場合は、同じ痛みをもつ者が集まるミーティングで、自分の恥の気持ちを語り、他の被害者のもつ恥の気持ちを聴くことで、「自分が悪いのではない」と確信していきます。加害者グループの場合は、今まで口にだせずに抱えてきた罪悪感を語り、同じような体験をした人の話を聴くことで、なぜ、自分はそのような行為をしたのか、その背景にある自分の行動パターン、それをもたらした外傷体験や感情に気づき、自分を受け入れることができるようになります。

4

自分の気持ちを素直に受け入れて、それを言葉で表現することに慣れていません。ですから、激しい感情がおきたとき、それを、なぐる、けるなどの行動にしてしまいがらです。グループのなかで、気持ちを語り、聴く作業をくり返すことによって、参加者は感情のコミュニケーション・スキルを身につけていきます。

◆「学びのワーク」と「自分をトーク」

「MY TREE ペアレンツ・プログラム」は、隔週二時間、十一回〜二十回継続します。二時間の内、最初の一時間は「学びのワーク」で身体を動かし、呼吸法を学んだり、絵を描いたり、参加者どうしがペアで、いろいろなアクティビティをすることで、「気づき」と「学び」をもたらします。学びのテーマは次のようになります。

＊安心な場作り１　このミーティングの目的、基本ルール、アイスブレーカー、身体ほぐし
＊安心な場作り２　木のイメージと自分　安心の宝箱　からだのグランディング
＊エンパワメント　「私は大切な人です」ワーク
＊気持ちを聴く練習、気持ちを語る練習
＊体罰の六つの問題性
＊体罰に代わる十のしつけの方法
＊自己肯定感　否定的ひとり言の掃除
＊自分をほめる練習、ほめられる練習、子どもをほめる練習
＊人の力を借りる、女らしさ、男らしさ、母親らしさ、男女役割分業社会のひずみ
＊振り返り　三ヶ月後、六ヵ月後の再会

残りの一時間は、それぞれの人が、今、自分の語りたいことだけを語る「自分を語るトーク」。ここでのルールは、「自分の気持ちに正直に語る」です。プログラムは、参加者が「ここは私の場だ」との帰属感をもつこと、自己肯定感を高めること、体罰のもたらす問題を知ること、子育てを楽にする知識と気づきとアイディアを共有することを、目的としています。

この目的は、第一回目に、参加者に次のような導入の言葉で伝えられます。

「MY TREE　ペアレンツ・プログラム」は、みなさんが良い親になるためのプログラムではありません。そうではなく、自分と子どもを、もっと深く知るためのプログラムです。わたしたちひとりひとりは、氷山のような存在です。自分について自分で知っていること、気づいていることは、氷山の海面の上にでている部分に過ぎません。あなたは、あなたが知っているより、はるかに深く豊かなパワフルな存在です。その豊かさに気づいていきましょう。この場で、今まで知らなかった自分をもっと深く知り、今まで気づかなかった、あなたの子どもの水面下の豊かさを信じていきましょう」

プログラムに参加した人たちが寄せてくれた感想を紹介します。多くの参加者が、少なくとも体罰はしなくなったと報告しています。

＊不安感なしに、自分の心のなかの良いことも悪いことも、なんでも語れるという場があったこと。

すごく心の支えになりました。カウンセリングとちがいグループなので、みんなの話を聞きながら何ヶ月か過ごすうちに、浮き沈みはあっても、前向きにがんばるパワーをもらえました。

＊楽してもいいんだ。子育てでも、それ以外でも。苦しかったら人の助けを借りてもいいんだ、ということをしっかり学んだ。だめだと思うと（親として）苦しいけれど、してあげられることが満足でなくても、安心な家庭を子どもとつくることのほうがいい、との新しい感じ方。

＊自分の心と身体を傷つけることはないんだと思った。他の誰とも比較することはないんだと思ったら、すごく気が楽になりました。

初出誌

「しつけ糸のように」「体罰に代わる十のしつけ」
季刊「エンパワメントの窓」6号　2000年11月　エンパワメント・センター発行

「しつけの意味」「母性神話」　月刊「東海望楼」2001年4月～2002年3月名古屋市消防局

「体罰と戦争」　月刊「ヒューマンライツ」2002年7月号 部落解放・人権研究所

「体罰の6つの問題」　『子どもと暴力　子どもたちと語るために』岩波書店1999年

※そのほかは書き下ろし

関連図書

『あなたが守る　あなたの心・あなたのからだ』童話館出版 1997年 森田ゆり作
『気持ちの本』童話館出版 2003年 森田ゆり作
『エンパワメントと人権』解放出版社 1996年 森田ゆり著
『新・子どもの虐待』岩波ブックレット 2003年 森田ゆり著
『子どもと暴力　子どもたちと語るために』岩波書店 1999年 森田ゆり著
「法務総合研究所研究部報告　児童虐待に関する研究／第一報告」法務総合研究所 2001年
『見えなかった死　子ども虐待データブック2001』キャプナ出版 ＣＡＰＮＡ編
『ひとりひとりの子ども　精神科医のみた子どもの世界』編集工房ノア 2001年 川端利彦著
『砕けたる心　青少年明暗50年』上・下　信山社 1991年 森田宗一著
『親と子の生き方つき合い方　ふるさと教育論』財団法人修養団 1979年 森田宗一著
『新版・才能ある子のドラマ』新曜社 1996年 アリス・ミラー著 山下公子訳

※表紙絵、本文イラスト／『Under the Window – Picture and Rhymes for Children』（ケイト・グリナウェイ作・英国）／日本版『窓の下で』（ほるぷ出版）
ケイト・グリナウェイ（1846～1901）彼女の描く美しい挿し絵は、当時の人々を魅了した。とりわけ、彼女が幼少期を過ごした地域と時代の子ども達のようすをもとに、さらに、彼女自身のデザインを加えて描かれた子ども達のたたずまいは、彼らが、時に、確かにかもしだす高貴と上品の香りを感じさせる。

※おおきな木／太田大八　絵
太田大八（1918～2016）日本の絵本画家。半世紀にわたって、子どものために絵を描き続ける。童話館運営の「祈りの丘絵本美術館」に全作品を所蔵。童話館出版より、『太田大八作品集』を刊行。

●著者　森田　ゆり（もりた・ゆり）

元立命館大学客員教授。米国と日本で、多様性人権啓発、子ども・女性への虐待防止専門職の養成に30年以上携わる。その間７年間はカリフォルニア大学主任研究員として、多様性、人種差別、ハラスメントなど、人権問題の研修プログラムの開発と大学教職員への研修指導にあたる。日本で1997年にエンパワメント・センターを設立し、行政、企業、民間の依頼で、多様性、人権問題、虐待、DVなどをテーマに研修・講演活動をしている。参加型研修プログラムの開発、及びそのファシリテーター人材養成のパイオニア。虐待に至ってしまった親の回復プログラムMY TREE ペアレンツ・プログラムを2001年に開発し、全国にその実践者を養成し、過去17年間で1048人の虐待言動を終止した修了生を出している。第57回保健文化賞受賞。ALOHA KIDS YOGA主宰、2016年度全米ヨガ連盟賞受賞。

1979年から今日まで、先住アメリカ・インディアンの運動を支援し、日本とアメリカ・インディアンとの交流に携わる。『聖なる魂 現代アメリカ・インディアン指導者の半生』（朝日新聞社）で1988年朝日ジャーナル・ノンフィクション大賞受賞。『あなたが守る あなたの心・あなたのからだ』（童話館出版）で1998年産経児童出版文化賞受賞。

2018年に「MY TREE ジュニア・くすのきプログラム：性暴力加害ティーンズの回復」「MY TREE ジュニア・さくらプログラム：性暴力被害子どもの回復」を開発。第三波行動療法の唯一の子どもの性被害、性加害の回復プログラムとして、瞑想訓練を伴う実践者研修を実施中。その他の著書に『子どもと暴力』『子どもへの性的虐待』『新・子どもの虐待』（いずれも岩波書店）、『気持ちの本』（童話館出版）、『沈黙をやぶって』『癒しのエンパワメント』『責任と癒し』『『虐待』親にもケアを』（いずれも築地書館）、『多様性トレーニング・ガイド』『エンパワメントと人権』『ダイバーシティ・トレーニング・ブック』『非暴力タンポポ作戦』（いずれも解放出版社）、『子どもが出会う犯罪と暴力』（NHK出版）、『ドメスティック・バイオレンス』（小学館）、その他、英・日本語著書・訳書多数。

エンパワメント・センター公式ホームページ http://empowerment-center.net/
ブログ、無料メールマガジン http://empowerment-center.net/
Facebook https://www.facebook.com/yuri.morita.315

しつけと体罰
子どもの内なる力を育てる道すじ

著／森田　ゆり

ISBN978-4-88750-166-9

2003年４月20日　第１刷発行
2022年12月20日　第12刷発行

発行者　川端　翔　　発行所　童話館出版
長崎市中町5番21号（〒850-0055）
TEL 095(828)0654　　FAX 095(828)0686

印刷・製本　大村印刷株式会社

146p　A5判

https://douwakan.co.jp